Taschenbücherei · Texte & Materialien

Herausgegeben von
Klaus-Ulrich Pech und Rainer Siegle

Ulrich Hub

Nathans Kinder

Ein Jugendtheaterstück

mit Materialien,
zusammengestellt von Henning Fangauf

Ernst Klett Verlag
Stuttgart · Leipzig · Dortmund

1. Auflage

1 8 7 6 5 | 28 27 26 25

Alle Drucke dieser Auflage sind unverändert und können im Unterricht nebeneinander verwendet werden. Die letzte Zahl bezeichnet das Jahr des Druckes.

Externe Redaktion: Ulla M. Martinson
Umschlaggestaltung und Layout: Ernst Klett Verlag GmbH, Stuttgart
Umschlagfoto: Nathans Kinder. Inszenierung am Theater Waidspeicher, Erfurt in Kooperation mit dem Theater Rudolstadt, 2010
Entstanden in Zusammenarbeit mit dem Projektteam des Verlages.
Satz: Köhler & Köhler GbR, Taucha
Reproduktion: Meyle + Müller GmbH + Co. KG, Pforzheim
Druck: Digitaldruck Tebben GmbH, Biessenhofen
Printed in Germany

ISBN 978-3-12-262743-0

Personen

Nathan
Recha
Kurt
Sultan
Bischof

Prolog

Kurt, Sultan und Recha

Recha geht in ihr Schlafzimmer. Sie zündet eine Kerze an und kniet vor ihrem Bett nieder. Sie gähnt, faltet die Hände und spricht ihr Nachtgebet.

Kurt tritt vor den Sultan und kniet nieder. Der Sultan ruft: »Helm ab!« Kurt nimmt seinen Helm ab. Der Sultan hebt sein Schwert, um Kurt seinen Kopf abzuschlagen.

Recha wird vom Schlaf überwältigt. Die Kerze neben ihrem Bett fällt um. Das Bett fängt Feuer. Recha wacht auf. Das Zimmer ist voller Rauch.

Der Sultan schaut Kurt lange an und hat plötzlich Tränen in den Augen. Er lässt sein Schwert sinken, gibt Kurt seinen Helm zurück und schenkt ihm die Freiheit.

Recha versucht, die Flammen mit ihrer Bettdecke zu löschen. Das Feuer breitet sich immer weiter aus. Recha kann das Zimmer nicht mehr verlassen. Sie ruft aus dem Fenster um Hilfe.

Der Sultan fängt hemmungslos zu weinen an.

Kurt kommt an dem brennenden Haus vorbei. Er sieht Recha am Fenster stehen und stürzt sich in die Flammen. Kurz darauf kommt er mit Recha auf seinen Armen aus dem Haus.

Recha sagt: »Mein Engel!« Kurt rennt verwirrt davon.

Der Sultan kann nicht mehr aufhören zu weinen.

Die Szene ist Jerusalem.

Nathan und Recha

Straße.

Nathan Recha!
Recha Endlich –
Nathan Was machst du um diese Zeit noch draußen?
Recha Ich habe deine Stimme gehört.
Nathan Du solltest schon längst im Bett sein.
Recha Endlich bist du zurück.
Nathan Endlich! Was heißt hier endlich?
Recha Unser Haus –
Nathan Schneller ging es nicht. Babylon ist zweihundert Meilen
von Jerusalem entfernt –
Recha Unser Haus hat gebrannt.
Nathan Die Straßen sind in einem schlechten Zustand, und
Schulden einzutreiben ist kein Geschäft, das sich im Handum-
drehen erledigen lässt –
Recha Unser Haus hat gebrannt!
Nathan Wie oft habe ich dir schon gesagt, dass du nach Einbruch
der Dunkelheit nicht mehr auf der Straße herumlaufen sollst
und – Was hat gebrannt?
Recha Unser Haus.
Nathan Warum erzählst du mir das erst jetzt?
Recha Ich wäre fast darinnen verbrannt!
Nathan Verbrannt? Wer? Meine Recha? Du – Um ein Haar ver-
brannt! Geht es dir gut? Sag schon! Ist dir etwas passiert?
Recha Mir geht es gut.
Nathan Ein Haus können wir wieder neu bauen. Sogar ein be-
quemeres, aber dich – meine Recha, wie konnte das geschehen?
Lass dich umarmen. Ist dir wirklich nichts passiert?
Recha Du zitterst am ganzen Körper –
Nathan So darfst du mich nicht mehr erschrecken.
Recha Als ich aufgewacht bin, stand schon das ganze Zimmer in
Flammen. Ich wollte aus dem Fenster springen. Aber es war
zu hoch. Ich habe um Hilfe gerufen. Umsonst. Und während

ich noch überlegte, auf welche Weise ich lieber sterben will, ob durch einen Sprung aus dem Fenster oder in den Flammen, da trat er plötzlich aus Feuer und Rauch hervor, nahm mich in seine starken Arme und trug mich durch die Flammen nach draußen.

Nathan Wer?

Recha Der Engel.

Nathan Wer hat dich gerettet?

Recha Mein Schutzengel.

Nathan Es gibt keine Engel.

Recha Doch. Ich habe einen gesehen. Von Angesicht zu Angesicht.

Nathan Du bist doch kein kleines Kind mehr.

Recha Gott hat mir einen persönlichen Engel gesandt.

Nathan Dein Retter wird ein Mensch gewesen sein.

Recha Nein, nein, es war ein Engel.

Nathan Es war ein Mensch!

Recha Ein Engel!

Nathan Benutz deinen Verstand, Recha.

Recha Wen Gott von Herzen liebt, für den lässt er gelegentlich ein Wunder geschehen.

Nathan In letzter Zeit hält sich Gott mit Wundern auffallend zurück. Wäre es nicht schon ein Wunder genug, wenn dich ein Mensch gerettet hat? Sobald jemand Hilfe braucht, rennen die Menschen nämlich weg. So schnell, dass man nur noch eine Staubwolke sieht.

Recha Nimm doch nicht immer von allen Menschen das Schlechteste an.

Nathan Darin habe ich mich noch nie getäuscht.

Recha Du und dein ewiges Misstrauen –

Nathan Und überhaupt – warum hat es gebrannt? Hast wohl vergessen, die Kerze zu löschen. Wie oft habe ich schon gesagt, dass man, bevor man zu Bett geht, nachsehen soll, und zwar in jedem Zimmer, ob nicht irgendwo eine Kerze brennt – Schau mich an, wenn ich mit dir spreche.

Recha Pst –

Nathan Was ist?

Recha Da drüben –

Nathan Wer?

Recha Mein Schutzengel –

Nathan Und seine Flügel?

Recha Stecken unter seinem Mantel.

Nathan Das ist ein Kreuzritter.

Recha Das habe ich zuerst auch gedacht.

Nathan Erkennst du nicht das rote Kreuz auf weißem Mantel?

Recha Aber der Sultan lässt doch allen Kreuzrittern den Kopf abschlagen.

Nathan Woher weißt du das?

Recha Wie soll ein Kreuzritter einfach so durch Jerusalem spazieren?

Nathan Solche Sachen solltest du überhaupt nicht wissen.

Recha Es kann also nur ein Engel sein.

Nathan Dafür muss es eine ganz vernünftige Erklärung geben. Warte hier.

Recha Du verjagst meinen Engel nur.

Nathan ab.

Nathan und Kurt

Straße.

Nathan Verzeihung.

Kurt Was?

Nathan Darf ich –

Kurt Was, Jude?

Nathan Ein Wort mit dir reden?

Kurt Machs kurz.

Nathan Ich heiße Nathan.

Kurt Ich nicht.

Nathan Ich bin der Vater des Mädchens, das du so mutig aus dem Feuer gerettet hast.

Kurt Das Mädchen –

Nathan Ist meine Tochter.

Kurt Sah gar nicht wie eine Jüdin aus.

Nathan Ich bin Euch auf Ewigkeiten zu Dank verpflichtet.

Kurt Spar deinen Dank, Jude. Es ist die Pflicht von Kreuzrittern, ihr Leben aufs Spiel zu setzen. Selbst wenn es sich nur um das Leben einer Jüdin handelt.

Nathan Du bist noch jung. Fast ein Kind.

Kurt Ich bin kein Kind, Jude, sondern ein Kreuzritter!

Nathan Dann solltest du eigentlich wissen, dass sich niemand seinen Glauben ausgesucht hat. Jude, Christ, Muselmann – vor allem sind wir Menschen.

Kurt Für solche Sprüche ist jetzt nicht die Zeit.

Nathan Kann ich dir mit irgendetwas behilflich sein?

Kurt Verschwinde, Jude.

Nathan Ich komme gerade von Babylon. Mit zwanzig hoch beladenen Kamelen und allem, was es an Edelsteinen und Stoffen in Indien und Persien und Syrien Kostbares gibt.

Kurt Kaufe nichts, Jude.

Nathan Ich würde dir gerne etwas schenken.

Kurt Verzichte, Jude.

Nathan Ich bin ein reicher Mann.

Kurt Der reiche Jude war mir nie der bessere Jude.

Nathan Wenn du mit mir nichts zu tun haben willst, sprich wenigstens ein Wort mit meinem Mädchen.

Kurt Ich komm zu keinem Juden.

Nathan Sie glaubt nämlich, dass du ein Engel bist.

Kurt Ich, ein – Engel?

Nathan Schwer vorstellbar, nicht wahr?

Kurt Verschwinde endlich, Jude.

Nathan Warum kannst du mich nicht leiden?

Kurt Ihr seid alle so aufdringlich.

Nathan Vorsicht mit den Datteln.

Kurt wirft mit Datteln nach Nathan.

Kurt Jude, bist du taub?

8

Nathan Wenn man zu viel davon isst –
Kurt Verschwinde, Jude.
Nathan ab.

Nathan und Recha
Straße.

Nathan Du hattest recht. In Zukunft werde ich nie mehr an
deinen Worten zweifeln. Es war wirklich ein Engel.
Recha Ehrlich?
Nathan Und was für ein liebenswürdiges Exemplar. Höflich.
Warmherzig. Vorurteilsfrei.
Recha Worüber habt ihr gesprochen?
Nathan Über dies und das. Worüber man mit Engeln so schwatzt.
Über Glaubensfragen und Datteln.
Recha Auch über –
Nathan Was?
Recha Mich.
Nathan Kurz.
Recha Und?
Nathan Komm.
Recha Was hat er gesagt?
Nathan Na ja, er ist ein bisschen traurig, weil du nach Einbruch
der Dunkelheit noch nicht im Bett bist.
Recha Das denkst du dir gerade aus.
Nathan Bevor er seine Flügel weit ausgespannt und über die Pal-
men in den Himmel geflogen ist, hat er mir noch zugerufen:
Richte deiner Recha aus, sie soll nie an den Worten ihres lie-
ben Vaters zweifeln, und außerdem soll sie ihm nicht ständig
Widerworte geben, und dann soll sie im Haus immer alle Ker-
zen löschen, bevor sie zu Bett geht und dann –
Recha Es war ein Kreuzritter, oder? Er hat dich mit Datteln
beworfen. Das habe ich genau gesehen. So etwas tut kein
Engel.

Nathan Wenn du ein bisschen älter bist, werde ich dir mehr von diesem Gespräch berichten.

Recha Nein. Jetzt gleich.

Nathan Ständig Widerworte. Herr, womit habe ich das verdient!

Der Sultan kommt.

Sultan Da ist er ja, unser hochgepriesener Jude. Nathan, ich habe Euch überall gesucht. Wer ist dieses liebe Mädchen? Das ist wohl Eure Tochter. Tritt näher, noch näher –

Recha Ehrwürdiger Sultan –

Sultan Sei nicht ängstlich, nicht so schüchtern –

Recha Warum schlagt Ihr allen Kreuzrittern den Kopf ab?

Nathan Recha –

Sultan Nicht allen, liebes Kind. Erst heute habe ich einem Kreuzritter das Leben geschenkt.

Recha Warum?

Sultan Er hatte so traurige Augen.

Recha Aber haben nicht alle zum Tode Verurteilten traurige Augen?

Nathan Das Kind sollte längst im Bett sein.

Recha ab.

Sultan Was für ein entzückendes Kind –

Nathan Verzeihung.

Sultan Ihr müsst, Nathan, Ihr müsst mir helfen. Ich stecke bis zum Hals in Schwierigkeiten. Bald fehlt es hier, bald klemmt es dort –

Nathan Wo fehlt es denn?

Sultan Ich wage es kaum auszusprechen. Wenn man es hat, erscheint es einem überflüssig, wenn es fehlt, erscheint es einem unentbehrlich.

Nathan Das liebe Geld.

Sultan Ihr müsst mir etwas borgen.

Nathan Warum ausgerechnet ich?

Sultan Niemand in Jerusalem ist so reich wie Ihr. Eure hoch beladenen Kamele ziehen durch alle Straßen, in jedem Hafen liegt ein Schiff von Euch. Nicht zuletzt erzählt man sich, Ihr habt in der Wüste geheime Gräber gefunden. Mit reich gefüllten Schatzkammern. Und daraus schafft Ihr von Zeit zu Zeit unermessliche Reichtümer an den Tag.

Nathan Ihr glaubt doch nicht an Märchen, Sultan.

Sultan Nehmt an Zinsen von mir, was Ihr wollt.

Nathan Auch Zins von Zinseszins?

Sultan Ganz recht.

Nathan Bis mein Kapital zu lauter Zinsen wird?

Sultan Das lockt dich, Jude, oder?

Nathan Ich will Euch gerne Waren borgen, aber Geld – nimmermehr.

Sultan Warum nicht, Jude? Warum nicht?

Nathan Mit meinem Geld will ich nicht Euren Krieg unterstützen.

Sultan Habe ich etwa diese Kreuzritter in unser heiliges Land eingeladen? Sie sind von allein gekommen. Um ihren Glauben zu verbreiten. Mit dem Schwert. Mein Bruder ist im Kampf gefallen. Ach, mein armer Assad. – Solange noch ein Christ durch die Gassen von Jerusalem marschiert, wird niemals Frieden herrschen. Außerdem waren wir zuerst hier.

Nathan Ehrwürdiger Sultan, mein Volk war zuerst hier.

Sultan Aber wir waren schon immer da!

Nathan Verzeihung, aber –

Sultan Widersprich nicht, Jude! Sei still. Da kommt der Bischof. Lass uns beiseite gehen.

Nathan Man darf nicht lauschen.

Sultan Im Gegenteil. Wer heimlich lauscht, erspart sich unliebsame Überraschungen. Also halt den Mund, Jude –

Kurt und Bischof kommen.

Bischof Wie ging es zu, junger Mann, dass der Sultan dich begnadigt hat?

Kurt Das weiß ich selbst nicht, Hochwürden. Schon hatte ich den Helm abgenommen und den Streich erwartet, da sieht mich der Sultan scharf an und winkt mich zu sich. Er schaut mich an, sein Auge schwimmt in Tränen und – er schenkt mir das Leben. Wie das zusammenhängt, weiß Gott allein.

Bischof Gott muss dich zu großen Aufgaben ausersehen haben.

Kurt Ja. Zu großen! Ein Judenmädchen aus dem Feuer holen.

Bischof Du hast ein Judenmädchen gerettet?

Kurt Sonst wäre sie in dem Haus verbrannt.

Bischof Ereignet sich ein solcher Fall wieder, wirst du dich in Zukunft erst erkundigen.

Kurt Und wenn es sich um ein Judenmädchen handelt, Hochwürden?

Bischof Lässt du brennen, was brennen soll.

Nathan *leise* Allmächtiger –

Kurt Was war das?

Bischof Ich habe nichts gehört. Gesetzt den Fall, dass unser Herrgott dir durch einen Engel – oder durch einen Diener Gottes – kurz gesagt durch mich – ein Mittel bekannt geben würde, das zum Wohl der ganzen Christenheit wäre –

Kurt Welches Mittel?

Bischof Was wäre wohl leichter –

Kurt Ihr sprecht so leise –

Bischof Als sich des Sultans zu bemächtigen und –

Kurt Was?

Bischof Du verstehst.

Kurt Nein, Hochwürden.

Bischof Ihm den Garaus zu machen.

Kurt Ich soll den Sultan –

Bischof Pst, nicht so laut.

Kurt Aber der Sultan hat mir mein Leben geschenkt.

Bischof Ja, und?

Kurt Das ist Meuchelmord.

Bischof Nicht in den Augen Gottes.

Kurt Zum Dank dafür, dass er mir mein Leben geschenkt hat, nehme ich dem Sultan seines?

Bischof Du kennst den Sultan nicht, wie ich ihn kenne. Er ist ein Muselmann und glaubt, sein Gott ist der einzig wahre Gott. Der Sultan wird nicht Frieden geben, bis alle anderen Menschen seinem Gott huldigen.

12

Kurt Das muss ich erst noch überdenken.

Bischof Was gibt es da zu klügeln? Es ist die heilige Pflicht von Kreuzrittern, nicht nachzudenken, sondern mit dem Schwert dreinzuschlagen. Das Überdenken müsst ihr schon den Dienern Gottes überlassen. Himmelherrgott, ich muss noch zu einem Kranken –

Kurt und Bischof ab.

Sultan Mit solchen Leuten soll ich Frieden schließen? Nur über meine Leiche! Ich muss sogleich ein paar gottesfürchtige Männer finden, um den Bischof aus dem Weg zu schaffen. Und du, Jude, solltest dir genau überlegen, auf welcher Seite du stehst. Doch denk daran: Hätte deine vorlaute Tochter den Bischof mit frechen Fragen belästigt, wäre er wohl kaum so ruhig und sanft wie ich geblieben. Du kennst die Meinung des Bischofs zu Judenhäusern und Judenmädchen.

Nathan Wie viel soll ich Euch vorschießen?

Sultan Ist das Euer Ernst? Nathan, wir müssen, müssen Freunde werden.

Ich wollte schon immer einen Juden besser kennenlernen. Kommt schnell in meinen Palast. Geht! Lauft! Und bringt sie mir gleich mit, die Koffer –

Nathan Koffer?

Sultan Worin wollt Ihr das Geld sonst transportieren?

Nathan Hat das nicht Zeit bis morgen?

Sultan Geschwind. Eilt. Lauft.

Nathan und Sultan ab.

Recha und Kurt

Straße.

Kurt Warum verfolgst du mich?

Recha Du hast wirklich traurige Augen.

Kurt Verschwinde, Jüdin.

Recha Der Sultan hatte also recht.

Kurt Hast du nicht gehört?

Recha Du hast mich aus einem brennenden Haus gerettet.

Kurt Ich habe nur meine Pflicht getan.

Recha Deine Pflicht?

Kurt Kreuzritter müssen so handeln.

Recha Verstehe.

Kurt Verschwinde, Jüdin.

Recha Wie dressierte Hündchen. Die müssen auch ins Wasser oder Feuer hüpfen, um irgendwelche Dinge herauszuholen.

Kurt Also – Jüdin, wie heißt du eigentlich?

Recha Recha.

Kurt Also Recha, du setzt deine Worte sehr – sehr schlau – sehr spitz – ich bin fast ein bisschen – Siehst du, deshalb kann ich dein ganzes Volk nicht leiden. Ihr seid so spitz und schlau.

Recha Viele Juden kennst du nicht, oder?

Kurt Nur wenige, und die sind mir schon zu viel.

Recha Ich kenne jede Menge. Aber eines kann ich dir versichern, die eine Hälfte ist schlau und spitz, die andere Hälfte leider – das genaue Gegenteil.

Kurt Mir egal.

Recha Mir nicht.

Kurt Jud' bleibt Jude.

Recha Kann ich eine Dattel haben?

Pause.

Recha Niemand hat sich seinen Glauben ausgesucht. Juden, Christen, Muselmänner –

Kurt Moslems.

Recha Vor allem sind wir Menschen.

Kurt Hat dir das dein Vater eingeredet?

Recha Übrigens heißt das Muslime.

Kurt Ihr Juden seid alle so rechthaberisch.

Recha Schimpfe auf die Juden, so viel du willst. In deinem Herzen bist du ein guter Mensch. Sonst hättest du nicht für mich dein Leben aufs Spiel gesetzt.

Kurt Mein Leben war mir in diesem Augenblick ohnehin lästig.

Recha Warum?

Kurt Außerdem habe ich nicht gewusst, dass es das Haus eines Juden ist.

Recha Und hättest du es gewusst?

Kurt Wäre ich vorbeigegangen.

Recha Was ist jetzt mit der Dattel?

Kurt Um des lieben Friedens willen, Jüdin.

Recha Danke, Christ.

Kurt Schon wieder spitz.

Recha Warum war dir eigentlich dein Leben lästig?

Kurt Iss die Dattel, und halt den Mund –

Pause.

Kurt Ich weiß nicht, warum ich noch am Leben bin. Ich müsste längst gestorben sein. Alle gefangenen Kreuzritter werden zum Tode verurteilt. Ich habe schon vor dem Sultan niedergekniet und seine Stimme gehört: Helm ab! Helm ab!

Recha Ich kann mir vorstellen, wie dir in diesem Moment zumute gewesen sein muss.

Kurt Das kannst du nicht!

Recha Schrei mich nicht an!

Kurt Woher willst du wissen, wie einem zumute ist, wenn man gleich sterben muss?!

Recha Weil ich heute auch beinahe gestorben wäre!!

Kurt Stimmt.

Recha Ich wäre fast verbrannt.

Kurt Entschuldigung.

Recha Erzähl weiter.

Kurt Wo war ich?

Recha Helm ab.

Kurt Danke. Wie oft habe ich dieses Kommando schon gehört. Helm auf – zur Schlacht! Helm ab – zum Gebet! Helm auf – zur Schlacht! Helm ab – zum Essen! Helm auf – zur Schlacht! Helm ab – doch dieses Mal zum Sterben. Wie einfallsreich. Es gibt doch immer wieder einen neuen Grund zum Helmabziehen. Du armer Helm, hab ich gedacht, auf welchem Kopf wirst du als Nächstes sitzen? Und für wie lange? Bis auch der nächste Kreuzritter dich absetzt, um dich nie wieder aufzusetzen? Und dann habe ich an den Kreuzritter gedacht, der diesen Helm vor mir auf- und abgesetzt hat, und dann habe ich an alle die anderen Kreuzritter gedacht, die diesen Helm davor auf- und abgesetzt haben, und da habe ich eine ganz lange Reihe Kreuzritter gesehen, und alle haben diesen Helm abgesetzt, wenn sie zu Gott gebetet haben, und aufgesetzt, wenn sie für Gott gekämpft haben, und dann habe ich gedacht, was ist das eigentlich für ein Gott, der für sich kämpfen lassen muss –

Recha In diesem Moment ist dir aber jede Menge durch den Kopf gegangen.

Kurt Genau das habe ich plötzlich auch gedacht. Noch nie zuvor, habe ich gedacht, habe ich so viel an einem Stück gedacht wie jetzt. Bin ich vielleicht schon längst gestorben und weiß es nur noch nicht? Vorsichtig öffne ich meine Augen. Vor mir steht der Sultan. Tränen laufen ihm die Wange herunter. Er löst meine Fesseln. Ich bin frei. Wie das alles zusammenhängt, weiß nur Gott allein –

Recha Vielleicht hat Gott auf Jerusalem herabgeblickt und sich gesagt: Dort drüben brennt ein Haus. Wenn dieser Kreuzritter jetzt einen Kopf kürzer wird, habe ich niemand mehr, der dieses arme Mädchen aus den Flammen holen kann.

Kurt Gott schaut schon lange nicht mehr auf Jerusalem. Wenn ich Gott wäre, würde ich mir friedlichere Städte anschauen.

Recha Ich glaube, er schaut sogar sehr genau hin.

Kurt Warum beendet er nicht einfach diesen Mord und Totschlag?

16

Recha Vielleicht glaubt er, dass wir irgendwann von selbst darauf kommen.

Kurt Darauf kann er lange warten.

Recha Gott hat natürlich mehr Zeit als wir.

Kurt Von welchem Gott reden wir eigentlich?

Recha Von deinem oder meinem?

Kurt Gehört Gott irgendjemandem?

Recha Genau.

Kurt Schau mal, die Sterne –

Recha Einmal habe ich meinen Vater gefragt, ob es überhaupt einen einzig rechten Glauben gibt, wenn so viele Menschen an einen anderen Gott glauben. Daraufhin hat er mir eine Geschichte erzählt. Willst du sie hören?

Kurt Unbedingt.

Recha Vor grauen Jahren lebt' ein Mann in Osten, der einen Ring von unschätzbarem Wert besaß. Dieser Ring hatte die geheimnisvolle Kraft, vor Gott und Menschen angenehm zu machen. Darum ließ dieser Mann den Ring nie vom Finger und ordnete an, dass bis in alle Ewigkeit – Hörst du mir überhaupt zu?

Kurt Du bist so wunderschön –

Recha Noch eine Dattel?

Kurt Zum Glück hat euer Haus gebrannt.

Recha Wie bitte?

Kurt Sonst wären wir uns nie begegnet.

Recha Muss ich in Zukunft immer unser Haus anzünden, wenn ich dich wiedersehen will?

Kurt So viel Aufwand wird kaum nötig sein.

Recha Im ersten Augenblick habe ich dich für einen Engel gehalten.

Kurt Jetzt bist du sicher enttäuscht.

Recha Mir ist ein Mensch lieber als ein Engel.

Kurt Engel stelle ich mir auf Dauer ziemlich öde vor.

Recha Ständige Gespräche über Gott.

Kurt Pausenlose Prophezeiungen.

Recha Und nicht zuletzt die Frage des Geschlechts –

Kurt Ganz recht.

Recha Ist nicht geklärt.

Kurt Im Gegensatz zu –

Recha Wie heißt du eigentlich?

Recha springt auf.

Recha Mein Vater –

Kurt Lauf nicht weg.

Recha Mitternacht ist lang vorbei.

Kurt Wann sehen wir uns wieder?

Recha Schon morgen.

Kurt So spät.

Recha verbirgt sich.

Kurt Wie heißt dein Vater noch einmal?

Recha Nathan –

Nathan kommt.

Kurt Nathan! Guter Nathan. Da seid Ihr ja. Ich habe Euch schon lange gesucht.

Nathan Junger Mann –

Kurt Gebt mir Eure Hand.

Nathan Warum?

Kurt Zum Zeichen der Versöhnung. Ich schäme mich. Was bin ich nur für ein Querkopf. In der Zwischenzeit habe ich nachgedacht. Selbstverständlich habt Ihr recht. Niemand hat sich seinen Glauben ausgesucht. Juden. Christen. Muselmänner –

Nathan Moslems.

Kurt Muslime. Egal. Sind wir nicht zuerst alle Menschen?

Nathan Hört sich vernünftig an.

Kurt Nicht wahr?

Nathan Geradezu verdächtig.

Kurt Seid doch nicht so misstrauisch.

Nathan Das sagt meine Tochter auch immer.

Kurt Ach, Recha –

Nathan Woher kennst du ihren Namen?

Kurt Habt Ihr mir selbst gesagt.

Nathan Daran kann ich mich nicht erinnern.

Kurt Lasst mich beweisen, wie ernst mir der Gedanke der Versöhnung ist.

Nathan Und wie?

Kurt Ich könnte – Eure Tochter in Zukunft öfter sehen.

Nathan Sie hat dich längst vergessen.

Kurt Ziemlich unwahrscheinlich.

Nathan Hältst du dich für unwiderstehlich?

Kurt Ich habe sie immerhin aus den Flammen gerettet.

Nathan Wer ständig auf eine Wohltat pocht, nimmt sie zurück.

Kurt Recha und ich sind heute beide nur mit knapper Not dem Tod entkommen. Was könnten wir uns nicht alles zu erzählen haben. Und ist nicht sogar unser Schicksal miteinander verbunden? Hätte der Sultan mir nicht das Leben geschenkt, hätte ich nicht Eurer Tochter das ihre retten können. Merkt Ihr den Zusammenhang? Gott will, dass Eure Tochter und ich uns wiedersehen.

Nathan Wen meine Tochter trifft, entscheide immer noch ich und nicht Gott.

Kurt Lasst das Recha selbst entscheiden.

Nathan Wie heißt du überhaupt?

Kurt Kurt.

Nathan Kurt?

Kurt Diesen Namen habe ich mir nicht selbst ausgesucht.

Nathan Wer dann?

Kurt Wollt Ihr gleich wissen, wer mein Vater war? Soll ich Euch meinen ganzen Stammbaum vorlegen? In diesem heiligen Augenblick, Nathan, in dem sich Christ und Jude die Hand zur Versöhnung reichen, erkundigt Ihr Euch nach meinem Vater?

Nathan Noch habe ich dir nichts abgeschlagen.

Kurt Oh ja, ich weiß. Euer Geschlecht lässt sich bekanntlich bis zum Stammvater Abraham zurückverfolgen. Blatt für Blatt. Mit dergleichen kann ich nicht aufwarten. Muss ich erst Jude werden, bevor ich Eure Tochter wiedersehen darf?

Nathan ab.

Recha Du heißt also Kurt.

Kurt Wie konnte ich nur annehmen, dass sich ein Jude nicht wie ein typischer Jude verhält?

Recha Er hat sich nicht wie ein typischer Jude verhalten, sondern wie ein typischer Vater.

Kurt Ach, Väter –

Recha Beruhige dich.

Kurt Sind alle so nutzlos.

Recha Wieso?

Kurt Ich habe genug von Juden, Christen und Muslimen. Die heilige Stadt hängt mir zum Hals heraus. Ich fahre nach Hause.

Recha Geht das so einfach?

Kurt Wer soll mich daran hindern?

Recha Du bist Kreuzritter.

Kurt Ich will sowieso kein Kreuzritter mehr sein!

Recha Kann man das einfach so sagen, und damit ist die Angelegenheit erledigt?

Kurt Mir doch egal!

Recha Schrei nicht so.

Kurt Entschuldigung.

Recha Und ich?

Kurt Du kommst mit.

Recha Ich soll Jerusalem verlassen?

Kurt Kein Mensch kann hier glücklich werden.

Recha Bisher habe ich mich hier wohl gefühlt.

Kurt Weil du nichts anderes kennst. Niemals hat sich diese fromme Raserei, den einzig wahren Gott zu haben, in ihrer schwärzesten Gestalt gezeigt als in Jerusalem. In meinem schönen Heimatland herrscht Ruhe und Frieden.

Recha Warum hast du dein schönes Heimatland verlassen?

Kurt Um euch Frieden zu bringen.

Recha Mit dem Schwert?

Kurt Das Schwert – ich dachte, das wäre nur so eine Art Sinnbild.

Recha Ich kann meinen Vater nicht im Stich lassen.

Kurt Er wird nie erlauben, dass wir uns sehen.

Recha Daran kann er mich nicht hindern.

20

Kurt Er wird nicht zulassen, dass du dich mit einem Christen triffst.

Recha Gib ihm Zeit.

Kurt Ich habe ihm schon die Hand zur Versöhnung gereicht.

Recha Und bist gleich wütend geworden.

Kurt Warum hat er sich nach meinem Vater erkundigt? Mein Vater ist einer dieser Väter, die Kinder an allen Ecken und Enden haben. Zufrieden? Ich bin eines davon. Schau mich nicht so an. Eine große Sache ist das freilich nicht. Viele Kinder kennen ihre Väter nicht. Das ist doch ganz normal.

Recha Ich kenne meinen Vater auch nicht.

Kurt Aber Nathan –

Recha Ist nicht mein Vater.

Kurt Weißt du, was du sagst?

Recha Ich bin ein Christenkind.

Kurt Nathan ist nicht dein Vater?

Recha Er hat mich nur erzogen.

Kurt Das ändert freilich alles.

Recha Nein, Kurt, das ändert nichts. Ich hätte mir keinen besseren Vater wünschen können. Er hat mich mit großer Sorgfalt und Liebe aufgezogen. Wer weiß, wo ich ohne ihn heute wäre. Ich habe dir etwas Wichtiges anvertraut. Niemand darf das wissen. Dieses Geheimnis musst du für dich bewahren. Schwör, es für dich zu behalten –

Nathan kommt.

Nathan Du bist mir unbegreiflich! Wie willst du mir jemals die Angst vergelten, die ich um dich gehabt habe? Dein Bett ist leer. Wo find ich dich? Hinter einer Palme drückst du dich herum. Mit einem Soldaten.

Recha Kurt ist Kreuzritter.

Nathan Sein Beruf ist mit dem Schwert dreinzuschlagen.

Kurt Ich werde mein Schwert nie wieder benutzen.

Nathan Das sagst du heute Nacht. Und morgen früh? Schlägst du wieder fröhlich drein. Nicht umsonst kam mir dein plötzlicher Gesinnungswandel verdächtig vor.

Recha Du und dein Misstrauen –

Nathan Schon in der nächsten Nacht steht er unter eben dieser Palme mit einem neuen Mädchen im Arm. Vielleicht sogar mit der Tochter eines Muselmanns.

Recha Das heißt Moslem.

Nathan Muslim.

Kurt Ich habe wirklich nichts gegen euch Juden.

Nathan Ich kenne euch, ihr Christen. Besser als du denkst. Euer Stolz ist: Christen sein. Nicht Menschen. Ihr gebt nicht Ruhe, bis ihr den Namen eures Gottes überall verbreitet habt. Alle, die nicht zu eurem Gotte beten, werden ausgelöscht. Verschlungen. Verbrannt. Was sucht ihr überhaupt in dem gelobten Land? Niemand hat euch eingeladen. Ihr stolzen Christen!

Kurt Stolz? Wer hat denn damit angefangen? Mit diesem Stolz? Welches Volk, Nathan, hat sich zuerst das auserwählte Volk genannt?

Recha Da hat Kurt nicht ganz unrecht.

Nathan Recha, halt den Mund!

Recha Behandle mich nicht wie ein kleines Kind!

Nathan Wer glaubt denn noch an Schutzengel!? Du kennst diese Kreuzritter nicht. Es reicht ihnen nicht, überall ihren Glauben zu verbreiten, sie müssen auch noch unschuldige Mädchen verführen. Lustig! Nur weiter so, ihr Herren Kreuzritter, nur so weiter. Mir schon recht! Wäre alles sonst nur, wie es müsste – Abmarsch. Recha! Wir gehen heim.

Recha Ich kann daheim nicht schlafen.

Nathan Keine Widerrede.

Recha Da riecht es noch so verbrannt.

Nathan Dann atme durch den Mund.

Bischof und Kurt

Kloster. Der Bischof im Nachthemd und mit Zipfelmütze.

Bischof Der junge Mann –
Kurt Entschuldigung.
Bischof Welch angenehme Überraschung!
Kurt Es ist sehr spät –
Bischof Im Gegenteil, es ist sehr früh. Spät kommen heißt früh
kommen. Das war ein Witz. Haha. Zudem hab ich noch nicht
geschlafen, sondern saß bei einer kleinen späten Mahlzeit. Für
einen tapferen Kreuzritter habe ich immer Audienz.
Kurt Audienz?
Bischof Eine Art Sprechstunde.
Kurt Gut. Ich muss nämlich dringend mit jemandem sprechen.
Bischof Ich habe schon längst mit dir gerechnet. Du siehst ganz
hungrig aus. Alle Kreuzritter sehen immer so verhungert aus.
Was würdest du zu einer frisch gefüllten Wachtel sagen?
Der Bischof serviert Kurt eine Wachtel.
Bischof Schlag ordentlich zu, du Kreuzritter. Ich weiß, warum du
gekommen bist. Du hast nachgedacht und bist zu dem Ergebnis
gekommen, dass der liebe, liebe Bischof so unrecht nicht hatte.
Dass Ehre und Geld durch einen Anschlag auf den Sultan zu
gewinnen sind. Dass der Sultan dein Feind ist und bleibt, selbst
wenn er siebenmal dein Engel gewesen ist. Das hast du nun mit
Fleisch und Blut erwogen, und kommst, und trägst dich wieder
an, nicht wahr?
Kurt Deswegen komme ich nicht, Hochwürden.
Bischof Denkst du über diesen Punkt noch wie zuvor?
Kurt Ja.
Bischof Was suchst du dann um diese Zeit im Kloster? Mitter-
nacht ist längst vorbei. Ich habe tief und fest geschlafen. Himmelherrgott, auch der liebe Bischof braucht seine Ruhe! Gleich
morgen früh muss ich zu einem Kranken. Gute Nacht. Die
Audienz ist vorbei.

Kurt Ich bin nur gekommen, Hochwürden, um eine Sache, einen Rat zu fragen –

Bischof Was brauchst du meinen Rat? Du nimmst ihn ohnehin nicht an.

Kurt Gesetzt den Fall, ein Jude hätte ein Mädchen mit großer Sorgfalt und Liebe aufgezogen. Er liebt es mehr als seine Seele. Was wäre, wenn das Mädchen in Wirklichkeit ein Christenkind wäre –

Bischof Mich schauert es. Sprich weiter. Rasch.

Kurt Geboren von Christeneltern.

Bischof Womöglich noch getauft?

Kurt Das weiß ich nicht.

Bischof Das arme Kind muss vor der ewigen Verdammnis gerettet werden.

Kurt Und der Jude?

Bischof Erhält seine gerechte Strafe.

Kurt Die wäre?

Bischof Der Jude wird verbrannt.

Kurt Auch wenn –

Bischof Tut nichts. Der Jude wird verbrannt. Sagt mir doch geschwind, junger Mann, hat sich dieser Fall in unserer lieben Stadt Jerusalem zugetragen oder handelt es sich nur um eine Hypothese?

Kurt Eine – was?

Bischof Eine Hypothese ist – Augenblick. Eine Hypothese ist das Gegenteil von einem Faktum. Vielmehr ein Spiel des Witzes und lohnt kaum der Mühe, es im Ernst durchzudenken, weil – Wo war ich? Wo bin ich? Ach ja. Bei dem Juden. Also junger Mann, lebt dieser Jude in unserer lieben Stadt Jerusalem?

Kurt Es war nur eine Hypothese, Hochwürden.

Bischof Schau mir in die Augen, Schlingel.

Kurt Hochwürden, gute Nacht.

Kurt rennt ab.

Bischof Sehe ich dich bald in der Beichte?! Weg ist er. Dieser Sache muss ich auf den Grund zu kommen suchen.

Recha und Nathan

Straße.

Recha Kurt bringt mich auf Gedanken, die neu und ungewöhnlich sind!

Nathan Neu und ungewöhnlich! Das wird der alte, faule Schnickschnack sein und dann husch, husch hinter eine Palme.

Recha Wir haben nur geredet.

Nathan Herr, welche Prüfung hast du mir noch ausersehen?

Recha Kurt hat niemanden, mit dem er reden kann.

Nathan Ich auch nicht.

Recha Du hast doch mich.

Nathan Mit dir kann man seit einiger Zeit kein vernünftiges Wort mehr reden. Ständig gibst du Widerworte.

Recha Du behandelst mich immer noch wie ein Kind.

Nathan Wer glaubt denn noch an Schutzengel?

Recha Du wiederholst dich.

Nathan Ich wiederhole mich? Ich wiederhole mich?

Recha Kurt hat mich gefragt, ob ich mit ihm in seine Heimat gehe.

Nathan Du willst mich verlassen?

Recha In dieser Stadt kann keiner glücklich werden.

Nathan Die Menschen sind überall unglücklich!

Recha Das glaube ich nicht –

Nathan Auf der ganzen Welt tun sie sich furchtbare Dinge an.

Recha Das möchte ich lieber selbst überprüfen.

Nathan Du hast die Menschen nicht kennengelernt wie ich.

Recha Dafür habe ich dich jetzt kennengelernt! Mit deinen weisen Sprüchen – Jude, Christ und Muslim sind vor allem Menschen und so weiter – damit ist es nicht weit her. Sobald du mich mit Kurt zusammen siehst, ist er für dich kein Mensch, sondern – ein Christ!

Nathan Ja, geh nur! Verlass mich ruhig! Ich halte dich nicht! Geh mit diesem Christen. Obwohl mich der Gedanke tötet, Recha –

25

mich tötet der Gedanke, dass ich meine sieben Kinder in dir
aufs Neue verlieren sollte –

Recha Sieben – was?

Nathan Nichts.

Recha Kinder?

Nathan Komm!

Recha Ich gehe keinen Schritt weiter, ehe du mir nicht sagst, was
das bedeuten soll. Was für sieben Kinder?

Nathan Hör mir zu –

Pause.

Nathan Unterbrich mich nicht.

Recha Ich habe nichts gesagt.

Nathan Ich hatte eine Frau und sieben Kinder. Sieben Kinder wie
die Orgelpfeifen. Der kleinste hatte schwache Augen und muss-
te eine Brille tragen. Eines schönen Tages erhielten wir überra-
schenden Besuch. Hunderte von Kreuzrittern kamen in unser
Dorf.

Recha Das denkst du dir gerade aus.

Nathan Du sollst mich nicht unterbrechen, ich erzähle das nur
ein einziges Mal. Wir lebten im Norden von Gaza. Die Kreuzritter waren herrlich anzuschauen. Sie trugen lange weiße
Mäntel mit einem roten Kreuz. Vermutlich hatten sie niemanden zum Reden. Aus Mangel an Beschäftigung begannen sie,
einen Juden nach dem anderen zu erschlagen. Männer, Frauen,
selbst Kinder. Meine Frau und unsere sieben Kinder konnten in
das Haus meines Bruders flüchten. Ich hatte auch noch einen
Bruder. Habe ich das schon erwähnt? Die Kreuzritter haben
sein Haus angezündet. Alle sind in den Flammen umgekommen. Selbst der Kleine mit der Brille. Drei Tage und drei Näch-
te habe ich in Asche und Staub gelegen vor Gott und habe geweint. Nicht nur geweint. Ich habe mit Gott gerechtet. Gezürnt
habe ich. Getobt. Mich und die Welt verwünscht. Der gesamten
Christenheit hatte ich den unversöhnlichsten Hass geschwo-
ren. Doch mein allergrößter Hass galt Gott. »Wie kannst du so
etwas zulassen?!« In diesem Augenblick stieg ein Soldat vom

Pferd und überreichte mir ein kleines Kind. Ein Christenkind. In eine Decke eingehüllt. Was er mir sagte, was ich ihm gesagt – habe ich vergessen. Der Mann war auf der Flucht. Kurz danach wurde er vom Pferd gerissen und – ich nahm das Kind, trug's auf mein Lager, küsst' es, warf mich auf die Knie und schluchzte: »Gott! Auf sieben doch nun eins schon wieder – « Du ahnst es längst. Das Kind warst du. Sag doch was. Lass uns einander nicht in Tränen erweichen –

Recha Warum hast du mir das nie zuvor erzählt?

Nathan Ich wollte damit warten, bis du älter bist.

Kurt und Sultan
Palast des Sultans.

Sultan Wem ich das Leben schenke, werde ich wohl keinen Vorwurf machen, wenn er mich um diese späte Stunde stört. Wo klemmt es denn?

Kurt Ehrwürdiger Sultan, darf man einen Juden, der ein fremdes Kind als seine Tochter ausgegeben hat, einfach verbrennen?

Sultan Wer sagt denn so etwas?

Kurt Der Bischof.

Sultan Das kann er nicht allein entscheiden.

Kurt Er hat gesagt: Der Jude wird verbrannt.

Sultan Verbrennen? Das macht doch keinen Sinn. Mit jemandem wie dem Bischof wird es niemals Ruhe und Frieden in Jerusalem geben. Hör zu. Ich habe schon ein paar gottesfürchtige Männer gefunden, um den Bischof aus dem Weg zu schaffen. Sie stehen schon bereit. Ich brauche nur noch einen mutigen Mann, der sie anführt.

Kurt Ich will mein Schwert nie mehr benutzen.

Sultan Ich habe dir dein Leben geschenkt.

Kurt Wofür ich Euch ewig dankbar sein werde.

Sultan Für diese Tat kommst du sogleich ins Paradies.

Kurt Ich will lieber nach Hause.

Sultan Bist du mir nicht eine Gefälligkeit schuldig?

Pause.

Sultan Schach.

Kurt Was?

Sultan Spielst du Schach?

Kurt Ich spiel nicht übel.

Sultan Lass es uns sogleich versuchen.

Kurt Um diese Zeit?

Sultan Das soll die Strafe für deinen Ungehorsam sein.

Kurt Wenn es weiter nichts ist –

Sultan Da steht das Spiel.

Kurt Welche sind die meinen?

Sultan Die weißen. Nein, die schwarzen Steine. Nehmt die weißen. Bitte, nehmt die weißen Steine.

Sultan und Kurt spielen Schach.

Kurt Ehrwürdiger Sultan, nehmt diesen Zug zurück.

Sultan Warum?

Kurt Ein Springer wird unbedeckt.

Sultan Das habe ich nicht gesehen.

Kurt Zum Glück kennt der Bischof den Namen des Juden nicht, sonst –

Sultan Wir kommen ab vom Spiel.

Kurt Schach.

Sultan Du hast die Rechnung ohne den Wirt gemacht.

Kurt Ich bin in der Klemme.

Sultan So. So. Und so. Schau. Damit hast du wohl nicht gerechnet.

Kurt Seid Ihr Eurer Königin so müde?

Sultan Ich? Was? Meiner Königin – Nimm! Nimm sie! Nimm meine Königin!! Ich war mit diesem Stein nie glücklich!

Kurt Schach!

Sultan Ich setze vor.

Kurt Schach!

Sultan Ich geh zurück.

Kurt Und Schach.

Sultan Auf diese Weise, junger Mann, ist das Spiel nicht das un-
terhaltsamste.

Kurt Und Schach! – und Schach! Und Schach!

Sultan Matt.

Kurt Gewonnen!

Sultan Ich hasse dieses Spiel!

Der Sultan wirft das Spiel um.

Kurt Heißt das: spielen?

Sultan Ich will nicht matt sein!

Kurt Was konnte Euch so aus der Fassung bringen?

Sultan Der Jude, der leidige verwünschte Jude! Was musstest
du auch das Gespräch drauf bringen? Die ganze Nacht schon
muss ich an den Juden denken. Mit dem ich Freundschaft
heucheln muss. Mit einem Juden. Heucheln. Wann hätte ich
das gekonnt? Wo hätte ich das gelernt? Und wozu? Um Geld
zu fischen. Geld! – Um Geld. Geld bei einem Juden zu borgen.
Borgen ist nicht besser als betteln. So weit ist es gekommen.
Der milde Sultan muss bei einem geizigen Juden um ein Al-
mosen betteln.

Kurt Bei Nathan?

Sultan Du kennst ihn?

Kurt Ich habe seine Tochter aus dem Feuer gerettet.

Sultan Ist etwa unser lieber Nathan der Jude, der ein Christenkind als seine Tochter aufgezogen hat?

Kurt Was hab ich Querkopf nur meinen Mund nicht gehalten?!

Kurt rennt davon.

Sultan Genauso war mein Bruder Assad. So aufbrausend. Wie
sich beide gleichen. Soso, wer hätte das gedacht? Unser guter
Nathan stiehlt also Christenkinder, um sie als Juden aufzuzie-
hen. Und nur der Bischof kennt den Namen dieses Juden nicht.
Und wenn ihm jemand auf die Sprünge hilft? Solange der Bischof gegen den Juden zu Felde zieht, gewinne ich Zeit für meinen Anschlag auf den Bischof. Sollen sich Christ und Jude ruhig
die Köpfe einschlagen. Ehe ich gedacht, herrsche ich alleine in
Jerusalem. Welch glückliche Lösung. Moment – das muss ich

erst zu Ende denken. Was ist, wenn unser guter Nathan wirklich verbrannt wird? Hm. So bin ich alle meine Schulden los. Ich muss sogleich den Bischof sprechen und mit ihm ein bisschen Freundschaft heucheln.

Nathan und Recha

Straße.

Nathan Lass uns einander nicht in Tränen erweichen.

Recha Niemals verlasse ich dich.

Nathan Unsinn. Jetzt gehen wir endlich schlafen. Doch gleich morgen früh schicke ich nach deinem Kurt. Und wenn ihr euch so recht von Herzen liebt, habt ihr beide meinen Segen. So habe ich schon zwei Kinder. Und wer weiß? Wenn es Gottes Ratschluss ist, kommen im Verlauf der Jahre sogar –

Kurt kommt.

Kurt Nathan, Gott sei Dank finde ich Euch. Ihr müsst mir verzeihen. Ich war beim Bischof und habe ihm von einem Juden erzählt, der ein Christenkind aufgezogen hat.

Recha Du hast – was?

Kurt Aber ich habe ihm Euren Namen nicht genannt. Ich habe den Fall nur im Allgemeinen geschildert. Als eine Art – wie war das Wort?

Recha Damit hast du meinen Vater ans Messer geliefert!

Nathan Hypothese.

Kurt Solange der Bischof Euren Namen nicht kennt, seid Ihr in Sicherheit, aber –

Der Bischof – in vollem Ornat – und der Sultan kommen.

Bischof Da hat mir heute doch jemand ins Ohr gesetzt, es lebt hier herum ein Jude, der ein Christenkind gestohlen hat.

Kurt Gestohlen habe ich nie gesagt –

Bischof Ist das dein Kind, Jude?

Nathan Nein, aber –

Bischof Für diese Freveltat wirst du bestraft.

30

Nathan Ehrwürdiger Sultan! Helft mir!

Bischof Und das Kind muss ich dir nehmen.

Nathan Sultan, Ihr seid mein Freund.

Sultan Du hast ein Kind gestohlen, Jude. Das ändert freilich alles.

Nathan Ohne mich wäre das Kind im Elend umgekommen.

Bischof Besser im Elend umkommen, als von einem Juden gerettet werden. Was hat der Jude Gott vorzugreifen? Wenn Gott ein Kind retten will, braucht er dazu keinen Juden.

Kurt greift nach seinem Schwert.

Kurt Wenn einer nur mir diesen Juden anrührt –

Sultan Du wolltest doch dein Schwert nie mehr benutzen.

Kurt Ich kenne meinen Vater auch nicht. Aber so etwas ist völlig normal. Ich wünschte nur, ich hätte einen Vater wie Nathan gehabt.

Recha Ihr dürft mir meinen Vater nicht nehmen!

Bischof Der Jude ist nicht dein Vater.

Nathan Aber macht denn nur das Blut den Vater aus?

Sultan Ich will dein neuer Vater sein.

Bischof Das Kind kommt in ein Kloster –

Sultan Zu lauter trüben Nonnen?

Bischof Und der Jude wird –

Sultan Solch einen Engel könnt Ihr nicht vor aller Welt verstecken und hinter dumpfen Klostermauern ganz und gar verhunzen!

Bischof Freilich, Ihr werdet das Mädchen nur in Euren Harem zu diesen liederlichen Tänzerinnen stecken. Das arme Kind muss im einzig wahren Glauben erzogen werden.

Recha Was ist denn der einzig wahre Glaube?

Bischof Ich bin ein Christ.

Sultan Ich bin ein Muslim.

Nathan Und ich ein –

Bischof Dich hat keiner gefragt, Jude.

Recha Wem soll ich nun glauben? Ich bin doch nur ein Kind und brauche euren Rat. Zu welchem Gott soll ich in Zukunft beten? Es kann doch nur einen wahren Glauben geben, oder? Und wer von euch mir diesen einzig wahren Glauben nennen kann, soll mein Vater sein. Lasst mich eure Gründe wissen. Wer fängt an?

Pause.

Bischof Nathan.

Nathan O Recha, in welche Lage bringst du mich?

Bischof *leise* Was er auch sagt, der Jude wird verbrannt.

Sultan *leise* Nicht so laut –

Recha Erzähle die Geschichte von den Ringen.

Nathan Dieses alte Märchen?

Kurt Das sind doch keine kleinen Kinder.

Sultan Ich bin müde, ich will nach Hause –

Bischof Nathan, bist du zu Rande mit deinen Überlegungen?

Recha Darf er Euch zuvor eine Geschichte erzählen?

Sultan Eine Geschichte, eine Geschichte –

Nathan Herr, gib mir Kraft!

Sultan Ich liebe gute Geschichten.

Bischof Nur wenn sie gut erzählt sind.

Nathan Vor grauen Jahren lebt' ein Mann in Osten, der einen Ring von unschätzbarem Wert besaß, dieser Ring –

Bischof Lauter!

Nathan Vor grauen Jahren lebt' ein Mann in Osten! Der einen Ring von unschätzbarem Wert besaß! Dieser Ring hatte die geheimnisvolle Kraft, vor Gott und Menschen angenehm zu machen, wer in dieser Zuversicht ihn trug und –

Sultan Ein Zauberring –

Kurt Ruhe.

Nathan Dieser Ring hatte die Kraft, vor Menschen und Gott angenehm zu machen, wenn man ihn in dieser Zuversicht trug und –

Sultan Moment. Besitzt der Ring nur diese geheimnisvolle Kraft, wenn man daran glaubt –

Bischof Egal.

Sultan Sonst ist es kein Zauberring, sondern –

Bischof Sultan, es ist vier Uhr früh!

Nathan Unser Mann in Osten ließ darum diesen Ring nie vom

32

Finger. Und er ordnete an, dass dieser Ring bis in alle Ewigkeit im Besitz seiner Familie bleiben sollte. Nämlich so: Er vererbte den Ring demjenigen seiner Söhne, den er am meisten liebte, und setzte fest, dass dieser Sohn ebenso verfahren sollte. Der erste Empfänger des Ringes traf unter seinen Söhnen ähnliche Vorkehrungen und verfügte wie sein Vorfahr. Kurz, der Ring ging von Hand zu Hand auf viele Nachkommen über. Der nächste Vater vererbte ihn seinem liebsten Sohn, der ihn wiederum seinem liebsten Sohn vererbte, und so ging der Ring auf dessen Nachkommen und auf dessen Nachkommen und auf dessen –

Bischof Weiter!

Nathan Irgendwann kam der Ring auf einen Vater von drei Söhnen, die er alle gleich lieb hatte.

Sultan Oh je –

Nathan Als es zum Sterben kam, geriet der gute Vater in Verlegenheit. Wem sollte er den Ring vermachen? In einer schwachen Stunde hatte er jedem seiner Söhne allein den Ring versprochen.

Sultan Was nun? Was nun –

Nathan Heimlich sendet er den Ring zu einem Künstler und bestellt zwei andere Ringe nach dem Muster des ersten. Sie müssen vollkommen gleich sein. Kosten spielen keine Rolle. Das gelingt dem Künstler so gut, dass selbst der Vater beim besten Willen die drei Ringe nicht mehr unterscheiden kann.

Bischof So ein Schwindler.

Nathan Freudig erregt ruft er seine Söhne einzeln an sein Sterbebett, steckt heimlich jedem einen der Ringe zu, erteilt jedem seinen Segen, hebt die Augen zum Himmel und stirbt –

Sultan Der arme alte Mann –

Nathan Kaum war der Vater tot –

Bischof Was folgt, versteht sich ja von selbst. Kaum ist der Vater tot, so kommt ein jeder mit seinem Ring, und jeder will der Herr im Hause sein. Man untersucht, man zankt, man klagt – umsonst, der rechte Ring war nicht erweislich, oder?

Sultan Das soll die Antwort auf die Frage nach dem rechten Glauben sein?

Recha Versteht Ihr nicht, ehrwürdiger Sultan, den Sinn dieser Geschichte? Der einzig wahre Glaube ist genauso unerweislich wie der rechte Ring.

Bischof Mein Kind, die drei Religionen sind wohl zu unterscheiden.

Sultan Schau uns nur an.

Bischof Die Kleidung.

Sultan Speise und Trank.

Bischof Die Unterschiede springen deutlich ins Auge.

Sultan Am deutlichsten in unseren Schriften.

Bischof Doch die Wahrheit über Gott steht nur in meiner Schrift.

Sultan Meine Schrift ist die Krönung aller Schriften.

Nathan Aber meine Schrift ist von allen die älteste.

Bischof Schon aus diesem Grund ist sie lange überholt.

Nathan Ihr habt nur alles von uns abgeschrieben!

Bischof Wir haben es verbessert!

Sultan Mein Buch ist das allerneueste Buch von Gott!

Recha Lasst uns noch einmal auf die drei Ringe zu sprechen kommen –

Sultan Jedes Wort in meiner Schrift kommt aus Gottes Mund persönlich.

Nathan Ihr glaubt noch mehr Armseligkeiten!

Sultan Mohammed hat jedes Wort von Gott aufgeschrieben!

Bischof Mohammed konnte doch überhaupt nicht schreiben!

Nathan Der gehörte zu einem armseligen Beduinenvolk!

Bischof Gar nicht unsere Kulturstufe!

Sultan Nehmt das zurück –

Schlägerei zwischen Sultan, Bischof und Nathan.

Recha Gebt endlich Frieden!

Kurt Frieden wird es erst geben, wenn kein Mensch an irgendeinen Gott mehr glaubt.

Recha Wer hat Mitleid in das Herz des Sultans gesenkt, sodass du nicht zum Tode verurteilt wurdest und mir mein Leben retten konntest? Wer hätte so etwas vermocht, wenn nicht ein Gott?

Kurt Kann auch Zufall sein.

Recha Ich bin nicht deiner Meinung.

Kurt Ich glaube nicht an Gott, genauso wenig wie ich an Elfen oder Geister glaube. Oder an den Mann im Mond.

Die Schlägerei hört schlagartig auf.

Bischof Was?

Nathan Ich höre wohl nicht recht.

Sultan Du wagst es, Gott zu lästern?

Bischof Was für ein Frevel!

Sultan Nathan, schlage diesem lästerlichen Kreuzritter den Kopf ab!

Kurt Versucht es nur! Etwas anderes fällt Euch nicht ein. Seit ich in dieser heiligen Stadt bin, höre ich nichts anderes als: Kopf ab! Jeder will dem anderen an den Kragen. Der Sultan lässt Kreuzrittern den Kopf abschlagen, Nathan wettert gegen die Christen, der Bischof will dem Sultan den Garaus machen, der Sultan will den Bischof um die Ecke bringen, der Bischof will Nathan verbrennen und –

Nathan Verbrennen?

Kurt Und alles im Namen irgendeines Gottes.

Nathan Wer will mich verbrennen?

Kurt Der Bischof.

Bischof Lügner!

Kurt Ihr habt gesagt: Der Jude wird verbrannt.

Bischof So etwas hab ich nie gesagt.

Nathan Allmächtiger –

Bischof Vielleicht hab ich gesagt: Verbannt.

Sultan Das kann ich sogar bezeugen.

Bischof Der junge Mann hat sich nur verhört.

Kurt Was seid ihr nur für Heuchler und Betrüger!

Bischof Warum habt Ihr diesem unverschämten Bengel nicht den Kopf abgeschlagen, Sultan?

Sultan Ich habe es doch versucht, aber es ging leider nicht. Er erinnert mich so sehr an meinen Bruder. Wie aus dem Gesicht geschnitten. Ach, armer Assad – dass ich dich so früh verlor. Was hätte ich an deiner Seite alles unternommen? Ich werde es mir nie vergeben, dass ich an diesem Morgen dich habe alleine in die Schlacht ziehen lassen –

Der Sultan kann nicht mehr aufhören zu weinen.

Recha Was hat er denn?

Kurt Der Sultan ist einfach übermüdet.

Bischof Jetzt bist du frech, junger Mann. Warte nur, bis es ans Sterben geht. Wenn du winselnd Gott um Vergebung deiner Sünden anflehst, erbarmt sich deiner nur der Mann im Mond.

Kurt Wollen wir uns nicht morgen weiter streiten, Hochwürden?

Recha Es ist längst m o r g e n.

Nathan Die Sonne ist aufgegangen.

Bischof Ich habe Hunger.

Sultan Ich auch.

Bischof Ich kann mich schon gar nicht mehr daran erinnern, wann ich das letzte Mal etwas gegessen habe.

Nathan, Bischof, Sultan, Recha und Kurt

Frühstückstafel. Der Bischof gießt Wein ein.

Bischof Um noch einmal auf den Ring zu sprechen zu kommen. Die Geschichte hat noch kein Ende. Nathan, haben die drei Söhne gewartet, bis der rechte Ring den Mund geöffnet?

Recha Das ist nicht nötig, Hochwürden. Der rechte Ring besitzt die Wunderkraft, beliebt zu machen – vor Gott und Menschen angenehm. Das allein muss entscheiden. Denn die beiden falschen Ringe werden das nicht können.

Bischof Was für ein blitzgescheites Kind.

Kurt Vielleicht wollte der Vater die Tyrannei des einen Ringes nicht länger dulden und hat den einzig wahren Ring fortgeworfen.

Recha Dann hat er alle seine Söhne gleich lieb gehabt.

Kurt Und er wollte keinen begünstigen.

Sultan Reden wir eigentlich vom rechten Ring oder vom rechten Glauben?

Recha Das ist dasselbe.

Kurt Soll doch jeder glauben, er hat den rechten Ring.

Recha Aber auch so leben, als wäre es der rechte Ring.

Sultan Für mich bitte keinen Alkohol.

Recha Und solange mir keiner die Frage nach dem rechten Glauben beantworten kann, könnt ihr mich nicht von Nathan trennen.

Nathan Du gehörst schon längst zu Kurt.

Kurt zieht sein Schwert und packt den Bischof.

Kurt Und wer von Euch mir meinen Nathan anrührt, bekommt es mit mir zu tun! Ich wünschte, ich hätte solch einen Vater gehabt.

Nathan Kurt, steck dein Schwert ein –

Bischof Danke, Nathan.

Nathan Wir essen gerade.

Sultan Genauso aufbrausend war mein guter Bruder Assad. Mir kommt gerade ein Gedanke. Wär's möglich, dass dein Vater mein lieber Bruder Assad ist? Ich trinke doch einen Schluck – Das ist so aufregend. Mein Bruder reiste oft in dein Heimatland und war dabei bei hübschen Christendamen genauso willkommen als er auf hübsche Christendamen erpicht –

Kurt Ehrwürdiger Sultan, dann wäre ich Euer Neffe.

Bischof Sehr unwahrscheinlich.

Kurt Aber nicht unmöglich.

Recha Zu schön, um wahr zu sein.

Sultan Du bist mit Leib und Seele ihm so ähnlich, dass ich dich fragen könnte, wo du denn die ganze Zeit gesteckt hast. Mein Sohn! Mein Assad! Meines Assads Sohn – Ich muss gleich wieder weinen.

Bischof Darf ich die Hypothese noch ein wenig weiter spinnen? Da Recha ihren Vater auch nicht kennt, besteht durchaus die Möglichkeit, dass auch sie die Tochter dieses ungestümen Assads ist und folglich – deine Schwester.

Kurt Müsst Ihr nicht zu einem Kranken, Hochwürden?

Bischof Gott will, dass ich diese Tafel nicht verlasse. Es kommt nicht alle Tage vor, dass Christ und Jud' und Muselmann friedlich vereint an einem Tische sitzen. Doch Kranke gibt es schließlich immer.

Gelächter.

Kurt Du lachst nicht mit uns?

Nathan Dieser Frieden wird nicht lange dauern.

Recha Hab doch ein bisschen Vertrauen, Nathan.

Materialien

Inhalt

I „Gott schaut schon lange nicht mehr auf Jerusalem." (Kurt)

1 Angelika Schrobsdorff: Wenn ich dich je vergesse, oh Jerusalem ...

[…] Als ich das Haus verließ, wußte ich nicht, wohin. In Jerusalem spazierenzugehen war ein Problem, der Verkehr in den engen Straßen eine Katastrophe geworden. Ich wartete ungeduldig auf den Tag, an dem er aus Platzmangel, Stoßstange an Stoßstange zum Stillstand kommen würde. Aber die Katastrophen scheinen ihr Eigenleben zu haben. Sie schweben über einem, drohend, kichernd, vielversprechend, aber sie finden nicht statt. So war es mit dem Millenniums-Weltuntergang, so ist es mit der Überbevölkerung, der Verpestung und Zerstörung der Natur. So ist es mit dem Verkehrsstillstand in Jerusalem. Er findet und findet nicht statt. Er vermiest einem das Leben, aber er gönnt einem nicht die Genugtuung, jubelnd am Straßenrand zu stehen und sich an dem Anblick kochender Motoren und verzweifelter Fahrer zu ergötzen. Immer mehr Fahrzeuge werden zugelassen, immer mehr Autos mit dem Erkennungszeichen „Fahrschule" schlingern um einen herum, immer mehr schwachsinnige Fahrer verunsichern die Straßen und Autobahnen: neunzigjährige Scheintote, fromme Frauen mit schauderhaften Kopfbedeckungen und dem Wagen voller Kinder, rabiate Bus- und Lastwagenfahrer, unflätige Machos mit tosenden Autoradios und Handys am Ohr, junge Mädchen mit flatternder Mähne und auf die Haare geschobener Sonnenbrille. Und dazu die Massen an verwirrten Alltagsfahrern mit Zeitlupenreflexen! Nein, es war wirklich kein Vergnügen, sich den Dreck und Krach um die Ohren hauen zu lassen und an Zeiten zu erinnern, an denen man anstatt durch Straßen durch Hügel ging, anstatt Scharen unappetitlicher Menschen Herden von Schafen und Ziegen begegnete, anstatt dichtgedrängter Häuser biblische Landschaften sah, anstatt Hupen und Brüllen Vogelgezwitscher hörte, anstatt Auspuffgase Jasmin roch, anstatt in geschniegelte Schaufenster in ostjüdische Kramläden guckte, anstatt in einem vollen, lärmenden Straßencafé auf einem Stein oder einer Mauer saß.

Mein Gott, war das lange her!

„Evchen, ich gehe jetzt spazieren."

„Hast du eine Verabredung, Kleine?"

„Ja, eine Verabredung mit meiner großen Liebe, Jerusalem." [...]

Evchen inzwischen ein alter Kindskopf, Jerusalem ein moderner Festungsgürtel auf enteignetem Land mit zahllosen neuen Vororten, riesigen Wohnkomplexen, Luxusappartementhäusern, Tiefgaragen, Einkaufszentren, Hotels, Restaurants, Geschäften, Garten- und Blumenanlagen, in die das kostbare, bald nicht mehr vorhandene Wasser fließt.

Die palästinensische Altstadt ein scharf bewachter Rummelplatz, saniert, renoviert, herausgeputzt. Touristenhorden und aufdringliche Händler, orthodoxe Juden auf dem Weg zur Klagemauer, bewaffnete Soldaten auf Patrouille, israelische Siedler in besetzten Häusern, die Fenster vergittert, auf dem Dach mehrere jüdische

Jerusalem, Tempelberg. Blick zum Felsendom

I „Gott schaut schon lange nicht mehr auf Jerusalem."

Fahnen, palästinensische Jugendliche auf Jagd nach Frauen mit blonden Haaren und Männern mit Dollars in der Brieftasche, verwilderte kleine Buben, verwilderte magere Katzen. Und auf meiner einstmals stillen, verzauberten Lieblingsgasse, die der alten Stadtmauer folgend durch das armenische Viertel hinab zur Klagemauer führt, eine nicht abreißende Kette hupender und Auspuffgase furzender Autos; an der Stelle, von der man den herrlichsten Blick in die archaische Landschaft und auf den mit Grabsteinen bedeckten Ölberg hatte, ein riesiger, vollgestopfter Parkplatz.

„Jerusalem, wenn ich vergesse, wie du damals warst …"

[…] Die Angst, die mich ein Leben lang begleitet hatte, war in dem Moment, in dem ich auf israelischem Boden stand, von mir abgefallen. Ich wußte, hier war ich sicher, kein Mensch, egal ob arabischer Schafhirte oder israelischer Polizist, würde mir je etwas Böses tun, und diese Gewißheit schien mich unverletzlich zu machen.

Sie war schon lange tot, diese Gewißheit, und wurde jetzt durch meinen Instinkt und meine Erfahrung ersetzt: keine einsamen Gegenden, keine stark belebten Gegenden, keine palästinensischen Dörfer, keine israelischen Busse, keine Altstadt am Freitag, wenn die Muslime in die Al-Aksa-Moschee zum Beten gehen, kein Markt am Donnerstag, wenn die Israelis massenweise zum Schabbat-Einkauf hasten, kein Ostjerusalem um ein Uhr mittags, wenn Kinder und Jugendliche aus der Schule kommen, keine Besuche bei meinen palästinensischen Freunden, wenn ein Anschlag – egal von welcher Seite – verübt worden ist.

„Soll das immer so weitergehen?" fragten mich besorgte ausländische Freunde.

„Nein", sagte ich, „nicht so, sondern noch viel schlimmer."

Aus: Angelika Schrobsdorff: Wenn ich dich je vergesse, oh Jerusalem …
Ullstein Buchverlage, Berlin 2002.

2   Gustave Flaubert: Reise in den Orient

[...] Alles war still, wir vernahmen keinen Laut, niemand war unterwegs; hier und da an der Mauer ein langer, bärtiger, polnischer Jude mit seiner dicken Fuchsfellkappe, der uns Platz machte; die Basare sind geschlossen. Es ist Bairam[1], und darum wird bei allen religiösen Verrichtungen der Muselmanen[2], bei Tag und Nacht, eine bombastische Anzahl von Kanonenschüssen abgegeben. Die Vorderseiten der Läden sehen aus, als seien sie vom Staub zerfressen, einige drohen zusammenzubrechen. Sie sind abgedeckt, lang, schmal und wirken perspektivisch gesehen schön.

In Jerusalem ist alles gewölbt; von Zeit zu Zeit passiert man auf den Straßen eine Halb- oder Viertelwölbung; die Häuser haben sich zwischen diesen alten Bauwerken niedergelassen, und überall hat man Wölbungen über sich. Vom armenischen Viertel und seiner Umgebung abgesehen, wo die Straßen sauber gefegt sind, ist alles sehr schmutzig; das Pflaster ist für die Pferde fast unmöglich; mitten auf der Straße von unserem Hotel verwest unbeachtet ein gelber Hund, ohne dass jemand daran denkt, ihn woandershin zu stoßen [...].

Überall Ruinen, es riecht förmlich nach Grab und Verwüstung; Gottes Fluch scheint über der Stadt zu liegen, der Heiligen Stadt von drei Religionen, die vor Langeweile, Entkräftung und Verlassenheit dahinstirbt. Hin und wieder ein bewaffneter Arnaute[3]. In diesen leeren abschüssigen Gassen, und über all dem die Sonne, Trümmer und große Löcher in den Mauern. Es gibt wie in Tyrus, Sidon und Jaffa, wie an der ganzen Küste, hübsche Kinder, vor allem die Mädchen mit ihren blassen Gesichtern, die von unordentlich gekämmten, schwarzen Haaren eingerahmt werden. [...]

---

1 Bezeichnung zweier islamischer Hauptfeste.
2 Veraltete Bezeichnung für Muslime.
3 Albaner im Osmanischen Reich; hier: Soldat, für Mut und Tapferkeit berühmt.

In der griechischen Kirche des Heiligen Grabes die gleiche Ornamentik. Ganz entzückend, helles Licht erleuchtete alles, weiße Gewänder der Frauen, farbige Turbane und Joppen der Männer, dem Altar zugewandte, stehende Gruppen, weißbärtige Patriarchen, Griechen, die sämtliche Kreuzwegstationen küssten, welche an der Zwischenwand zwischen Kirche und dem eigentlichen Chor hängen. In der armenischen Kirche Eindruck von Einfallsreichtum: lange, von der Decke fallende Girlanden aus gefärbten Straußeneiern; links von der Tür Schlagglocke aus Erz, man schlägt auf eine Platte, und das ersetzt die Glocken. In der Straße, die zum Haus des Pontius Pilatus führt, rechts, wenn man hinabsteigt, das Haus der Veronika, niedrig, mit kleiner Tür, zur Hälfte im Boden versunken, ein Haus wie alle anderen. Das Haus des Pontius Pilatus ist eine große Kaserne, es ist ein Serail[4]. Von seiner oberen Terrasse aus kann man in ihrer Gänze die Omar-Moschee sehen, die an der Stelle des alten Tempels erbaut ist. […]

Heiliges Grab. – Samstag Besichtigung des Heiligen Grabes. Das Äußere mit seinen romanischen Teilen hatte unsere Neugierde erregt; in archäologischer Hinsicht enttäuschte Erwartung. Die Schlüssel sind in den Händen der Türken, sonst würden die Christen jedweder Sekte sich darüber zerfleischen. Die Wärter schlafen im Innern auf einem Diwan neben der Tür. Will man die Kirche besichtigen, wenn diese geschlossen ist (und außer sonntags ist sie das immer), muss man den Kopf durch *ad hoc* geschaffene Löcher in der Tür stecken; man kann dann den Salbungsstein unter den Lampen und die guten Türken auf ihrem Diwan sehen; man unterhält sich mit ihnen. Wir treffen im Heiligen Grab unseren italienischen Flüchtling wieder, er hat sich absichtlich hier einschließen lassen und verbringt (zeitweise jedenfalls) Tag und Nacht hier, um sich „von der Poesie dieser Stätte inspirieren zu lassen". Der und ein Künstler! Ich halte ihn eher für einen ekligen Schuft, der die römischen Patres reinlegt, um sich gratis und andauernd in ihrem Kloster bewirten zu lassen.

---

4 Palast des Sultans, orientalisches Schloss.

Es gab da etwas für mich, das alles überragte, und zwar den Anblick eines Porträts von Louis-Philippe in voller Größe, welches das Heilige Grab ziert. Ach, du groteske Figur, du bist also wie die Sonne! Da beherrschest du die Welt mit deiner Pracht, dein Licht erstrahlt bis hin zum Grabe Jesu! Was dann am meisten ins Auge springt, ist die Trennung der einzelnen Kirchen, auf der einen Seite die Griechen, dann die Lateiner, die Kopten; man setzt sich gegeneinander ab, verschanzt sich sorgfältig, vor allem aber hasst man seinen Nachbarn. Hier laufen alle wechselseitigen Verwünschungen zusammen; ich wurde so sehr von Kälte und Ironie erfüllt, dass ich ohne jeden weiteren Gedanken wegging. [...]

Der Ölgarten: kleines Grundstück mit weißen Mauern am Fuße des gleichnamigen Berges. – Heftiger Wind, das blasse, silbrige Laubwerk der Olivenbäume zitterte, scharfe, wenn auch warme Luft, weißer Weg, grausam blauer Himmel. Oben, vom Minarett[5] aus, welches den Ölberg beherrscht, Überblick über Jerusalem: die Stadt neigt sich wie ein Amphitheater von Westen nach Osten, sie senkt sich zu den Gräbern und dem Tal Josaphat hinab, das hinter dem Brunnen von Siloe den Namen wechselt und dann Cedron heißt. – In der Auferstehungsmoschee alter Mann mit Hanswurstnase in einer Art gelbem Überrock, kam an, um uns zu öffnen; gezeigt wird ein in einen steinernen Rahmen eingelassener Stein, auf dem Gläubige die Fußspur Jesu erkennen wollen; von hier aus ist er zum Himmel aufgefahren.

Aus: Gustave Flaubert: Reise in den Orient.
Ägypten, Nubien, Palästina, Syrien, Libanon.
Aus dem Französischen von Reinold Werner und André Stoll.
Insel Verlag, Frankfurt am Main 1985, S. 231–238.

---

5 Turm einer Moschee.

3 Die Kreuzzüge

Ritterliche Bannerführer. Holzstich von John Quartley

Der Kreuzzugsgedanke
Die seit 1095 von den Päpsten propagierten Kreuzzüge werden von Herrschern, Adel und Volk unternommen, um nach dem Willen Gottes (Deus lo vult) Jerusalem und das Heilige Land zurückzuerobern und die morgenländischen Christen vom Joch der Heiden zu befreien.
Die durch ein Kreuz gekennzeichneten Kreuzfahrer verpflichten sich durch ihr Gelübde zum Kampf für das Erbe (haereditas) Christi und erlangen dadurch für sich und ihre in der Heimat verbliebenen Angehörigen Rechte und Privilegien. Sie erwarten als Lohn für die Kreuzfahrt neben anderen Gnaden die Vergebung ihrer Sünden (remissio peccatorum).
Kreuzzug und Kreuzzugsgedanke sind vorgebildet in der bis ins christliche Altertum zurückgehenden *Jerusalemverehrung* und Heilig-Land-Wallfahrt, dem schon von den Kirchenvätern sank-

tionierten Heiligen Krieg sowie den im 11. Jh. von Päpsten und Bischöfen angeregten Feldzügen gegen Heiden und Kirchenfeinde.

Der Kreuzzugsgedanke erfährt im 12. und 13. Jh. eine so starke Ausweitung, dass auch andere von der Kirche sanktionierte Unternehmungen gegen (angebliche) Ungläubige und Kirchenfeinde nicht nur als Kreuzzüge bezeichnet, sondern wie diese organisiert, finanziert und durch geistliche Privilegien für die Teilnehmer erleichtert werden.

Aus: Die Kreuzzüge. Der Kreuzzugsgedanke.
In: Der große Ploetz. Im Verlag Herder, Freiburg im Breisgau.
Aktualisierung der 34. Auflage, Komet Verlag, Köln 2005, S. 400.

4   Kein Grund für explodierende Kochtöpfe

Von dem amerikanischen Soziologen Rodney Stark ist jüngst ein Buch erschienen, das einen neuen Blick auf die mittelalterlichen Kreuzzüge und Auseinandersetzungen zwischen Christen und Moslems im Heiligen Land wirft. Der Hamburger Journalist und langjährige Kulturchef des Nachrichtenmagazins „Der Spiegel", Matthias Matussek, hat „Gottes Krieger" aufmerksam gelesen und macht sich seine ganz eigenen Gedanken dazu.

Von Matthias Matussek

Was hat ein explodierender Kochtopf, der Unschuldige bei einem Marathonlauf 2013 in Boston zerfetzt, mit den Kreuzzügen des zwölften Jahrhunderts zu tun? Auf den ersten Blick nichts. Auf den zweiten alles. In einem dunklen, untergründigen Strom liefert dieser „erste räuberische Überfall" des christlichen Westens gegen die islamische Welt noch heute vage Rechtfertigungen für Islamisten oder die von ihnen angelernten Teenager im heiligen Krieg gegen den Westen und seine „gottlose Kultur". Soeben hat Al Qaida zum „heiligen Krieg" gegen Frankreich aufgerufen, die Kernlande der Kreuzritter. So wirkt das nach! In der wirren Geschichtsklitterei, die auch bei uns Anhänger findet, setzt sich das so zusammen: Einst gab es eine weltbeherrschende islamische Hoch-Kultur, dann kamen die Kreuzritter und heute befindet sich der Islam kulturell im Niedergang. Deshalb, Kommando an die fanatisierbaren Teenager im gottlosen Westen: payback-time!

Doch nicht nur diese sind überzeugt von nachbrennender christlicher Schuld. Im Jahr 1999, zum neunhundertsten Jahrestag der Eroberung Jerusalems durch christliche Kreuzritter, zog eine Gruppe von mehreren hundert Protestanten aus siebzehn Ländern in einem „Versöhnungsmarsch" von Köln nach Jerusalem. Die Teilnehmer trugen T-Shirts mit dem Aufdruck: „Ich entschuldige mich."

Es ist nicht bekannt, wie die Hisbollah darauf reagierte, oder die Teenager am Strand von Tel Aviv. In der Türkei und im Libanon waren die Pilger freundlich aufgenommen, so ein Teilnehmer, aber in Israel sei ihnen „mit Misstrauen" begegnet worden.

Als zwei Jahre später, in einer Fatwa von Osama bin Laden „gegen Juden und die Kreuzzügler", die Türme des World Trade Center ausradiert und über dreitausend Menschen ermordet wurden, saß der Schock der westlichen Welt tief. Doch erstaunlicherweise meldete sich neben aller Trauer und Präsident Bushs (historisch unsinniger) Faselei von einem „Kreuzzug" gegen den Terror, das westliche Schuldbewusstsein zurück.

Knapp zwei Monate nach dem Anschlag sprach Bill Clinton tiefbewegt von der Schuld, die „unsere europäischen Vorfahren" während der Kreuzzüge auf sich geladen hätten. Die Schuld sitzt tief. [...]

Hm. Die Ritter in Jerusalem als Referenzpunkt für die israelische Siedlungspolitik?

Darf man die Kreuzzüge noch einmal erzählen, und zwar anders?

Der Fall scheint abgeschlossen und klar: Mit den Kreuzzügen sind Banden profitgieriger, blutrünstiger und meist ungebildeter Schlächter im Namen des Herrn zu Eroberungskriegen gegen kultivierte Muslime aufgebrochen. Das ist Schulstoff, das ist großes Kino. Aber das ist noch mehr: Die Kreuzzüge rangieren vor Hexenverbrennung – die überwiegend von weltlichen Gerichten angeordnet wurden – und Inquisition – die Hexenprozesse als „abergläubische Magie" untersagte – als Kardinalsünde der Christenheit.

Doch nun kommt einer, der erzählt tatsächlich anders: Rodney Stark, Pulitzer-Preis-nominierter Professor der Baylor University, rollt mit „God's Battalions" den Fall neu auf. Unter dem Titel „Gottes Krieger" ist das Buch nun auf Deutsch erschienen. [...]

Rodney Stark denkt gar nicht daran, sich zu entschuldigen. Er rückt Mythen zurecht. Zunächst den, dass die Kreuzzüge von Gier angetriebene Beute-

New York am 11. September 2001

züge gewesen seien. Das Gegenteil ist der Fall, sie waren,
das belegt Stark, der sichere
Weg in den finanziellen Ruin,
oft in den Tod. Sie waren eine
Sache romantischer und frommer Idealisten. [...]
Der nächste Mythos ist der
des Angriffs- und Eroberungs-
krieges. Dazu hatte bereits
Gilbert Chesterton bemerkt,
dass bereits lange bevor „die
Ritter überhaupt von Jerusalem träumen konnten, die
muslimischen Krieger auf Paris
zuritten". Stark zeichnet die Er-
oberungszüge der islamischen
Gotteskrieger im siebten und
achten Jahrhundert nach,

durch Nordafrika, Spanien,
Frankreich, wo sie schließlich
durch Karl Martells gepanzerte
Infanterie gestoppt wurden.
Im neunten und zehnten Jahrhundert hatten sich verschiedene Kalifate im Mittelmeerraum
fest etabliert, von wo aus sie
ihre Raubzüge unternahmen.
Sie hatten dabei sogar die rö-
mische Peterskirche überfallen,
was die Päpste begreiflicher
Weise animierte, über das ka-
nonische Waffenverbot nachzudenken. Besonders traf die
Christenheit die Zerstörung
der heiligen Stätten, der Gra-
beskriche und weiterer drei-
ßigtausend Kirchen, die unter

dem Kalifen Tariq al-Hakim angeordnet worden war. Unter ihm – so viel zum Mythos der islamischen Toleranz – hatten Christen ein fast zwei Kilo schweres Kreuz um den Hals zu tragen, die Juden ein ebenso schweres geschnitztes Kalb, in Erinnerung an das goldene Kalb, das sie einst anbeteten. Öffentliche Gebete waren bei Todesstrafe verboten.

Christen und Juden galten im islamischen Herrschaftsbereich als „Dhimmis", als Menschen zweiter Klasse. Als Dhimmis im Übrigen, denen sie einen Großteil ihrer oft besungenen Hochkultur zu verdanken hatten: Die Moscheen waren oft umgebaute byzantinische Kirchen, die „gesäubert" und mit Minaretten versehen wurden. […]

Nun gehörten Wallfahrten ins Heilige Land zur Buß- und Ablass-Praxis für Christen. Enorme Pilgerzüge waren unterwegs. Erstaunlicherweise waren die Ritter der damaligen Zeit fromm. Sie waren Sünder, Ehebrecher, Mörder – aber sie waren fromm. Sie hatten keinen Respekt vor ihren Feinden, aber sie hatten Angst vor der Hölle oder dem Fegefeuer, und sie folgten ihren Beichtvätern, die ihnen oft Bußreisen nach Jerusalem auftrugen.

Zunehmend aber wurden ihnen die Pilgerreisen nach Jerusalem erschwert. Sie wurden angegriffen, ausgeraubt, niedergemetzelt. Stark listet eine beeindruckende Fallsammlung auf. Die Johanniter – aus denen später der Malteser-Orden hervorging – pflegten damals die Verwundeten und Kranken in ihren Hospitälern, übrigens auch Muslime, und sie gaben Schutz, soweit es möglich war.

Als der byzantinische Kaiser Alexias den römischen Papst um Beistand gegen die heranrückenden, gerade islamisierten Seldschuken bat und dafür die Einheit der gerade entzweiten römischen und orthodoxen Kirchen in Aussicht stellte, beschwor er vor allem die Schändung der heiligen Stätten. Papst Urban, ein frommer Abt aus dem Kloster Cluny, eine imposante Figur mit weitreichender Stimme, reagierte. Er predigte und sammelte. Als er am 27. November des Jahres 1095 vor den Toren der französischen Stadt Clermont auf ein

Podium stieg, sprach er vom Schicksal der ganzen Christenheit und von einem Bußkrieg, der die Vergebung der Sündenschuld bringen würde, jedoch nur denen, die sich „in frommer Absicht und nicht um des Reichtums oder des Ruhmes willen" auf den Weg machen. Die Menge raste. Männer rissen Tücher entzwei und nähten sie sich in Kreuzform auf das Wams. [...]

Für die Vergebung ihrer Sünden zu kämpfen, war für die Ritter eine vollkommen neue Art der Kriegsführung. Doch nur mit diesem Treibsatz aus frommer Ekstase und Gewaltbereitschaft für das Himmelreich lässt sich die ungeheure Energie erklären, mit der sich bald rund 150 000 Männer und Frauen in mehreren Kreuzzügen auf den Weg machten. [...]

Von den 150 000 Kreuzzüglern blieben über drei Viertel auf der Strecke. Für Robert Chazan, Professor für jüdische Studien an der Columbia-Universität, steht fest, dass der „dreijährige Zug zu den größten militärischen Leistungen des Mittelalters gezählt werden muss".

Ganze dreizehnhundert Ritter und zehntausend Fußsoldaten erreichen die Heilige Stadt. Die meisten Christen haben die Stadt längst verlassen, viele Juden ebenfalls – ihnen war in der wechselhaften islamischen Besatzer-Geschichte ohnehin immer wieder die Ansiedlung verboten worden. Nach der Vision eines Priesters soll eine barfüßige Prozession rund um die Mauern den Erfolg versprechen. Die Ritter marschieren, unter den Spottrufen der muslimischen Besatzer. Dann wird der Angriff gewagt. Gottfried von Bouillon gelingt es als Erstem, über die Sturmleiter die Mauer zu überwinden. Nun folgt tatsächlich ein Massaker. [...]

In der Geschichtsschreibung wird Saladin als Ausbund der Toleranz beschrieben, Lessing hat ihn in seinem Stück „Nathan der Weise" gar zum Vorläufer der Aufklärung glorifiziert. Auf seinem Grab in Damaskus ließ der deutsche Kaiser Wilhelm II. einen bronzenen Lorbeerkranz niederlegen mit der Aufschrift: „Dem Helden Sultan Saladin ... von einem großen Kaiser dem anderen."

Eroberung Jerusalems durch die Kreuzfahrer unter Gottfried von Bouillon.

Nun, auch Rodney Stark beschäftigt sich mit Saladins Ritterlichkeit, besonders nach der Eroberung von Hattin, dem strategischen Schlüsselgeschehen zur Rückeroberung des Heiligen Landes durch die Muselmanen[1]: Sämtliche Kreuzritter wurden getötet, ,bei einigen Templern und Johannitern legte Saladin selber Hand an, „dann zog er sich zurück und beobachtete die Hinrichtung der anderen Christen".

Als Jerusalem schließlich eingenommen war, konnten sich die Vermögenderen freikaufen, die übrigen wanderten in die Sklaverei. [...]

Die Geschichte der Kreuzzüge war, militärisch gesehen, ein grandioser Fehlschlag. Sicher hielten sich die Krieger auf keiner Seite an die Genfer Konvention, was allerdings auch in

---

1 Siehe Fußnote 2, S. 46.

der Moderne – ein Blick in die Tagesschau genügt – in den seltensten Fällen geschieht. Vor allem aber verletzten sie das christliche Gebot der Feindesliebe.

Sind sie aber tatsächlich eine Wunde in der arabischen Welt, eine „geschichtliche Erinnerung, die bis heute anhält", wie der Islamwissenschaftler Ahmed Akbar sie nannte? Merkwürdig ist es schon, dass es bis in das neunzehnte Jahrhundert hinein überhaupt kein Wort für „Kreuzzüge" im Arabischen gab. Erst mit dem Niedergang des Osmanischen Reichs Ende jenes Jahrhunderts, besonders aber seit der Gründung Israels, werden sie von Islamisten wiederentdeckt.

Und die westliche Geschichtsschreibung kommt ihnen dabei zu Hilfe, in durchaus selektiver Wahrnehmung. [...]

Nein, die Geschichte der Kreuzzüge muss nicht neu geschrieben werden nach diesem Buch, aber eines ist sicher: Als Inspiration für nihilistische Bombenattacken unter ahnungslosen Zivilisten dient sie nicht. Rodney Starks packender Geschichtsthriller über Templer und Mönche, Krieger, Könige und Pilger bildet, wie „Publishers Weekly" anerkennend schreibt, „eine Herausforderung an uns alle, unsere Sicht auf die Kreuzzüge zu überdenken."

In: Vatican magazin 7/2013,
FE-Medienverlags GmbH,
Kisslegg 2013, S. 26 – 32.

II „Vor allem sind wir Menschen." (Recha)

1 Johann Wolfgang von Goethe: Faust. Der Tragödie erster Teil

Marthens Garten

Margarete. Faust.

Margarete Versprich mir, Heinrich!
Faust   Was ich kann!
Margarete Nun sag, wie hast du's mit der Religion?
    Du bist ein herzlich guter Mann,
5   Allein ich glaub', du hältst nicht viel davon.
Faust Lass das, mein Kind! Du fühlst, ich bin dir gut;
    Für meine Lieben ließ' ich Leib und Blut,
    Will niemand sein Gefühl und seine Kirche rauben.
Margarete Das ist nicht recht, man muss dran glauben!
10 **Faust** Muss man?
Margarete   Ach! wenn ich etwas auf dich könnte!
    Du ehrst auch nicht die heil'gen Sakramente.
Faust Ich ehre sie.
Margarete   Doch ohne Verlangen.
15   Zur Messe, zur Beichte bist du lange nicht gegangen.
    Glaubst du an Gott?
Faust   Liebchen, wer darf sagen:
    Ich glaub' an Gott?
    Magst Priester oder Weise fragen,
20   Und ihre Antwort scheint nur Spott
    Über den Frager zu sein.
Margarete   So glaubst du nicht?
Faust Misshör mich nicht, du holdes Angesicht!
    Wer darf ihn nennen?

Und wer bekennen:
Ich glaub' ihn.
Wer empfinden,
Und sich unterwinden[1]
Zu sagen: ich glaub' ihn nicht? 5
Der Allumfasser,
Der Allerhalter,
Fasst und erhält er nicht
Dich, mich, sich selbst?
Wölbt sich der Himmel nicht da droben? 10
Liegt die Erde nicht hier unten fest?
Und steigen freundlich blickend
Ewige Sterne nicht herauf?
Schau' ich nicht Aug' in Auge dir,
Und drängt nicht alles 15
Nach Haupt und Herzen dir,
Und webt in ewigem Geheimnis
Unsichtbar sichtbar neben dir?
Erfüll davon dein Herz, so groß es ist,
Und wenn du ganz in dem Gefühle selig bist, 20
Nenn es dann, wie du willst,
Nenn's Glück! Herz! Liebe! Gott!
Ich habe keinen Namen
Dafür! Gefühl ist alles;
Name ist Schall und Rauch, 25
Umnebelnd Himmelsglut.

Aus: Johann Wolfgang von Goethe:
Faust. Der Tragödie erster und zweiter Teil.
Hamburger Ausgabe Bd. III. Verlag C. H. Beck, München 1976.

---

1 Sich unterstehen, wagen.

2 Gotthold Ephraim Lessing: Nathan der Weise

Zweiter Aufzug
Fünfter Auftritt

[…]

Tempelherr.   Aber, Jude –
  Ihr heißet Nathan? – Aber, Nathan – Ihr
  Setzt Eure Worte sehr – sehr gut – sehr spitz –
5   Ich bin betreten – Allerdings – ich hätte …
Nathan. Stellt und verstellt Euch, wie Ihr wollt. Ich find
  Auch hier Euch aus. Ihr wart zu gut, zu bieder,
  Um höflicher zu sein. – Das Mädchen, ganz
  Gefühl; der weibliche Gesandte, ganz
10   Dienstfertigkeit; der Vater weit entfernt –
  Ihr trugt für ihren guten Namen Sorge;
  Floht ihre Prüfung; floht, um nicht zu siegen.
  Auch dafür dank ich Euch –
Tempelherr.   Ich muss gestehn,
15   Ihr wisst, wie Tempelherren denken sollten.
Nathan. Nur Tempelherren? s o l l t e n bloß? und bloß
  Weil es die Ordensregeln so gebieten?
  Ich weiß, wie gute Menschen denken; weiß,
  Dass alle Länder gute Menschen tragen.
20 **Tempelherr.** Mit Unterschied, doch hoffentlich?
Nathan.   Jawohl;
  An Farb', an Kleidung, an Gestalt verschieden.
Tempelherr. Auch hier bald mehr, bald weniger, als dort.
Nathan. Mit diesem Unterschied ist's nicht weit her.
25   Der große Mann braucht überall viel Boden;
  Und mehrere, zu nah gepflanzt, zerschlagen
  Sich nur die Äste. Mittelgut, wie wir,
  Find't sich hingegen überall in Menge.
  Nur muss der eine nicht den andern mäkeln.
30   Nur muss der Knorr den Knuppen[1] hübsch vertragen.

Nur muss ein Gipfelchen sich nicht vermessen,
Dass es allein der Erde nicht entschossen.

Tempelherr.

Sehr wohl gesagt! – Doch kennt Ihr auch das Volk,
Das diese Menschenmäkelei zuerst   5
Getrieben? Wisst Ihr, Nathan, welches Volk
Zuerst das auserwählte Volk sich nannte?
Wie? wenn ich dieses Volk nun, zwar nicht hasste,
Doch wegen seines Stolzes zu verachten,
Mich nicht entbrechen[2] könnte? Seines Stolzes;   10
Den es auf Christ und Muselmann[3] vererbte,
Nur sein Gott sei der rechte Gott! – Ihr stutzt,
Dass ich, ein Christ, ein Tempelherr, so rede?
Wenn hat, und wo die fromme Raserei,
Den bessern Gott zu haben, diesen bessern   15
Der ganzen Welt als Besten aufzudringen,
In ihrer schwärzesten Gestalt sich mehr
Gezeigt, als hier, als itzt? Wem hier, wem itzt
Die Schuppen nicht vom Auge fallen … Doch
Sei blind, wer will! – Vergesst, was ich gesagt;   20
Und lasst mich! *(Will gehen.)*

Nathan.   Ha! Ihr wisst nicht, wie viel fester
Ich nun mich an Euch drängen werde. – Kommt,
Wir müssen, müssen Freunde sein! – Verachtet
Mein Volk so sehr Ihr wollt. Wir haben beide   25
Uns unser Volk nicht auserlesen. Sind
Wir unser Volk? Was heißt denn Volk?
Sind Christ und Jude eher Christ und Jude,
Als Mensch? […]

Aus: Gotthold Ephraim Lessing: Nathan der Weise.
Ein dramatisches Gedicht in fünf Aufzügen.
Verlag Philipp Reclam jun., Stuttgart 2000, S. 54 – 55.

---

1 Auswuchs an Bäumen.
2 Nicht umhin können, nicht anders können.
3 Siehe Fußnote 2, S. 46.

3 Die drei großen monotheistischen Religionen: Judentum, Islam, Christentum

Judentum
Der Bundesschluss Gottes mit den Menschen

Die jüdische Religion gilt als älteste monotheistische[1] Religion. Kernbotschaft ist die Selbstoffenbarung Gottes, der Welt und Menschen erschaffen und mit ihnen einen Bund geschlossen hat. Von der besonderen Erwählung des Volkes Israel durch Gott und der Geschichte dieses Bundes berichtet die hebräische Bibel. Das jüdische religiöse und ethische Gesetz, die Thora, enthält 613 Ge- und Verbote, die dem Menschen von Gott durch den Propheten Mose mitgeteilt wurden. Zum Selbstverständnis des jüdischen Volkes gehört das von Gott verheißene Land Israel, aber auch Zerstreuung und Verfolgung. Seine Hoffnung gilt dem Kommen des Messias, der ein Reich des Friedens auf Erden errichten wird. In fast allen jüdischen Glaubensrichtungen ist das Lesen der Heiligen Schrift, das Gedenken der Geschichte des Volkes und die Beachtung der religiösen Gebräuche, Vorschriften und Feiertage von zentraler Bedeutung.

Islam
Im Namen Allahs, des Erbarmers, des Barmherzigen

Islam bedeutet „Hingabe an Gott". Die Verehrung des einzigen Gottes, des Schöpfers der Welt und des Menschen, ist sein wichtigster Glaubensgrundsatz. Gott offenbarte sich den Menschen durch seine Propheten, als deren letzter Mohammed angesehen wird. Sein Auftrag war die Verkündigung von Gottes Willen durch den Koran und damit die Wiederherstellung der seit Urzeiten geoffenbarten monotheistischen Religion. Im Zentrum des Koran stehen die Forderung nach Gehorsam und die Vergeltung der Taten des Menschen in einem göttlichen Endgericht.

---

1 Monotheismus, der: bezeichnet Religionen bzw. Lehren, die einen allumfassenden Gott kennen und anerkennen.

Die Lehre des Islam ist mit seinem stark entwickelten Rechtssystem von den praktischen Anforderungen, die an Mohammed als Vorsteher eines politisch-religiösen Gemeinwesens gestellt wurden, sowie von seiner schnellen Ausbreitung geprägt. Zu den wichtigsten religiösen Pflichten gehören das fünfmalige tägliche Gebet sowie das Fasten im Ramadan.

Christentum
Erlösung durch den Menschensohn
Das Christentum als größte der monotheistischen Religionen ist in seinen Wurzeln eng mit der jüdischen Religion verbunden, stand jedoch von Anfang an in starker Spannung zum Judentum. Dies liegt in dem Anspruch des Religionsstifters Jesus Christus begründet, der von den Juden erwartete Messias zu sein und das jüdische Gesetz mit seiner Botschaft zu erfüllen. Die Person Jesu Christi ist zentrale Gestalt und Glaubensinhalt der christlichen Religion. Er wird als Gottessohn angesehen, der auf die Erde gesandt wurde, um mit seiner Botschaft der Nächstenliebe und seinem Kreuzestod die Menschheit zum Heil zu führen. Nach dem Beschluss der Urgemeinde zur Heidenmission und der Ausformulierung der christlichen Lehre durch den Apostel Paulus entfaltete das Christentum eine rege Missionstätigkeit und wurde Ende des 4. Jahrhunderts zur Staatsreligion des Römisches Reiches.

Aus: Der Brockhaus. Religionen.
Verlag F. A. Brockhaus GmbH, Leipzig,
Mannheim 2004, S. 123, 287, 321 / wissenmedia.

4 Woran Schüler heute glauben

Von Caroline Mascher

An Weihnachten in die Kirche, ansonsten gilt sonntags das Prinzip Ausschlafen – so sieht in den meisten Familien der religiöse Alltag aus. Und wie halten es die Kinder und Jugendlichen mit dem Glauben? Eine Spurensuche

Nele ist fest entschlossen. Sie will sich im nächsten Jahr zum Konfirmationsunterricht anmelden. Seit sie bei ihrer Einschulung das erste Mal überhaupt in ihrem Leben einen Gottesdienst erlebt hat, ist die zwölfjährige Berlinerin eine begeisterte Kirchgängerin. Sie mag die Pastorin und nimmt gern an den Freizeiten der Gemeinde in Wilmersdorf teil. Vor drei Jahren wurden sie und ihr älterer Bruder Tom-Philipp getauft. Der allerdings ist schon wieder ausgestiegen. Er hat sich vom Konfirmationsunterricht abgemeldet: „Ich bin zu dem Schluss gekommen, dass ich nicht gläubig bin; und nur wegen der Geschenke wollte ich es auch nicht durchziehen", sagt er mit dem ganzen Ernst eines 15-Jährigen.

Und die Eltern? Die sehen die spirituelle Entwicklung ihrer Kinder mit gemischten Gefühlen. Einerseits sind die Reinhardts aus der Kirche ausgetreten, andererseits haben sie ihre Kinder auf eine konfessionelle Schule geschickt. Der besseren Qualität wegen, aber auch um ihnen den Zugang zur Religion zu ermöglichen, den sie selbst verloren haben. Und um sie mit den christlichen Werten unserer Kultur vertraut zu machen.

Patchwork-Religiosität

Die Reinhardts sind kein Einzelfall. Religion im Jahr 2011, das scheint in Deutschlands Familien eher eine Frage der Bildung zu sein und der Glaube an Gott eher Ausdruck eines individuellen Gefühls. „Patchwork-Religiosität" nennt der Bildungs- und Jugendforscher Heiner Barz diese verbreitete Haltung. Kaum einer möchte die christliche Religion gänzlich missen, aber, das hat Barz bei seinen Studien über Jugend und Religion festgestellt: „Jeder sucht sich die Bestandteile seines Wertesystems selbst zusammen." Und das zunehmend auch mit Elementen aus Buddhismus oder Esoterik. Gretchens berühmte Frage „Sag, wie hältst du's mit der Religion?" ist in unserer modernen Gesellschaft längst keine Grundsatzfrage mehr. Und Fausts ausweichende Antwort „Ich habe keinen Namen/ Dafür! Gefühl ist alles", mag zu Goethes Zeiten gotteslästerlich geklungen haben. Heute scheint sie nur auszudrücken, was die meisten empfinden. […] Laut der „Shell Jugendstudie 2010" geben nur noch 23 Prozent der christlichen Jugendlichen in den alten Bundesländern an, sie würden an einen persönlichen Gott glauben und 21 Prozent an eine „höhere Macht". In der ehemaligen DDR sagen das nur acht bzw. sieben Prozent. Glaubensfester sind die muslimischen Einwandererkinder: 44 Prozent von ihnen glauben an Gott, 22 an eine höhere Macht. Den Jugendlichen auf Grund dieser Zahlen zu unterstellen, ihnen fehle es an Orientierung, wäre aber zu kurz gegriffen. Nach ihren Werten befragt, geben nämlich über 70 Prozent an, ihre Eltern seien ihr moralisches Vorbild. Offenbar folgen die Kinder von heute in den allermeisten Fällen bereitwillig dem gelebten Vorbild ihrer Eltern, und das hat schon seit Jahrzehnten kaum etwas mit praktiziertem Glauben zu tun.

Den evangelischen Pfarrer Sebastian Kühnen wundern diese Zahlen nicht, spiegeln sie doch wider, was er täglich erlebt. „Die Jugendlichen, denen die Eltern es freigestellt oder selbst überlassen haben, sich zum Konfirmandenunterricht anzumelden, tun sich am schwersten damit, regelmäßig zu kommen", hat er beobachtet. „Da ist dann viel Gemaule und Unzufriedenheit." Hätten die Eltern aber eine positive Einstellung – Kirchenmitglied oder nicht –, sei die Freude am Engagement spürbar größer.

Unter: http://www.focus.de/ familie/schule/religion/woran-schueler-heute-glauben-religion_ id_2221262.html (abgerufen am 4.9.2014).

III „Was ist denn der einzig wahre Glaube?"
(Recha)

1 Gotthold Ephraim Lessing: Nathan der Weise. Die Ringparabel

Dritter Aufzug
Fünfter Auftritt

[...]

Nathan.   Gebiete, Sultan.

Saladin. Ich heische deinen Unterricht in ganz
  Was anderm; ganz was anderm. – Da du nun

5 So weise bist: so sage mir doch einmal –
  Was für ein Glaube, was für ein Gesetz
  Hat dir am meisten eingeleuchtet?

Nathan.   Sultan,
  Ich bin ein Jud'.

10 **Saladin.**   Und ich ein Muselmann[1].
  Der Christ ist zwischen uns. – Von diesen drei
  Religionen kann doch eine nur
  Die wahre sein. – Ein Mann, wie du, bleibt da
  Nicht stehen, wo der Zufall der Geburt

15 Ihn hingeworfen: oder wenn er bleibt,
  Bleibt er aus Einsicht, Gründen, Wahl des Bessern.
  Wohlan! so teile deine Einsicht mir
  Dann mit. Lass mich die Gründe hören, denen
  Ich selber nachzugrübeln, nicht die Zeit

20 Gehabt. Lass mich die Wahl, die diese Gründe
  Bestimmt, – versteht sich, im Vertrauen – wissen,
  Damit ich sie zu meiner mache. – Wie?
  Du stutzest? wägst mich mit dem Auge? – Kann

---

1 Siehe Fußnote 2, S. 46.

Wohl sein, dass ich der erste Sultan bin,
Der eine solche Grille hat; die mich
Doch eines Sultans eben nicht so ganz
Unwürdig dünkt. – Nicht wahr? – So rede doch!
Sprich! – Oder willst du einen Augenblick, 5
Dich zu bedenken? Gut; ich geb ihn dir. –
(Ob sie wohl horcht? Ich will sie doch belauschen;
Will hören, ob ich's recht gemacht. –) Denk nach!
Geschwind denk nach! Ich säume nicht, zurück-
Zukommen. 10
(Er geht in das Nebenzimmer, nach welchem sich Sittah begeben.)

Sechster Auftritt

Nathan *allein.*

      Hm! hm! – wunderlich! – Wie ist
Mir denn? – Was will der Sultan? was? – Ich bin
Auf Geld gefasst; und er will – Wahrheit. Wahrheit!
Und will sie so, – so bar, so blank, – als ob 15
Die Wahrheit Münze wäre! – Ja, wenn noch
Uralte Münze, die gewogen ward! –
Das ginge noch! Allein so neue Münze,
Die nur der Stempel macht, die man aufs Brett
Nur zählen darf, das ist sie doch nun nicht! 20
Wie Geld in Sack, so striche man in Kopf
Auch Wahrheit ein? Wer ist denn hier der Jude?
Ich oder er? – Doch wie? Sollt er auch wohl
Die Wahrheit nicht in Wahrheit fordern? – Zwar,
Zwar der Verdacht, dass er die Wahrheit nur 25
Als Falle brauche, wär auch gar zu klein! –
Zu klein? – Was ist für einen Großen denn
Zu klein? – Gewiss, gewiss: er stürzte mit
Der Türe so ins Haus! Man pocht doch, hört

Doch erst, wenn man als Freund sich naht. – Ich muss
Behutsam gehn! – Und wie? wie das? – So ganz
Stockjude sein zu wollen, geht schon nicht. –
Und ganz und gar nicht Jude, geht noch minder.
5   Denn, wenn kein Jude, dürft er mich nur fragen,
Warum kein Muselmann? – Das war's! Das kann
Mich retten! – Nicht die Kinder bloß, speist man
Mit Märchen ab. – Er kömmt. Er komme nur!

Siebenter Auftritt

Saladin *und* **Nathan.**

10   **Saladin.** (So ist das Feld hier rein!) – Ich komm dir doch
        Nicht zu geschwind zurück? Du bist zu Rande
        Mit deiner Überlegung. – Nun so rede!
        Es hört uns keine Seele.
      Nathan.   Möcht auch doch
15   Die ganze Welt uns hören.
      Saladin.   So gewiss
        Ist Nathan seiner Sache? Ha! das nenn
        Ich einen Weisen! Nie die Wahrheit zu
        Verhehlen! für sie alles auf das Spiel
20   Zu setzen! Leib und Leben! Gut und Blut!
      Nathan. Ja! ja! wann's nötig ist und nutzt.
      Saladin.   Von nun
        An darf ich hoffen, einen meiner Titel,
        Verbesserer der Welt und des Gesetzes,
25   Mit Recht zu führen.
      Nathan.   Traun, ein schöner Titel!
        Doch, Sultan, eh ich mich dir ganz vertraue,
        Erlaubst du wohl, dir ein Geschichtchen zu
        Erzählen?
30   **Saladin.** Warum das nicht? Ich bin stets

Nathans Kinder. Inszenierung am Theater Waidspeicher, Erfurt
in Kooperation mit dem Theater Rudolstadt, 2010

    Ein Freund gewesen von Geschichtchen, gut
Erzählt.
Nathan. Ja, g u t erzählen, das ist nun
  Wohl eben meine Sache nicht.
Saladin.   Schon wieder   5
  So stolz bescheiden? – Mach! erzähl, erzähle!
Nathan. Vor grauen Jahren lebt' ein Mann in Osten,
  Der einen Ring von unschätzbarem Wert'
  Aus lieber Hand besaß. Der Stein war ein
  Opal, der hundert schöne Farben spielte,   10
  Und hatte die geheime Kraft, vor Gott
  Und Menschen angenehm zu machen, wer
  In dieser Zuversicht ihn trug. Was Wunder,
  Dass ihn der Mann in Osten darum nie
  Vom Finger ließ; und die Verfügung traf,   15
  Auf ewig ihn bei seinem Hause zu
  Erhalten? Nämlich so. Er ließ den Ring
  Von seinen Söhnen dem geliebtesten;
  Und setzte fest, dass dieser wiederum

Den Ring von seinen Söhnen dem vermache,
Der ihm der liebste sei; und stets der liebste,
Ohn Ansehn der Geburt, in Kraft allein
Des Rings, das Haupt, der Fürst des Hauses werde. –
Versteh mich, Sultan.

Saladin.   Ich versteh dich. Weiter!

Nathan. So kam nun dieser Ring, von Sohn zu Sohn,
Auf einen Vater endlich von drei Söhnen;
Die alle drei ihm gleich gehorsam waren,
Die alle drei er folglich gleich zu lieben
Sich nicht entbrechen[2] konnte. Nur von Zeit
Zu Zeit schien ihm bald der, bald dieser, bald
Der dritte, – sowie jeder sich mit ihm
Allein befand, und sein ergießend Herz
Die andern zwei nicht teilten, – würdiger
Des Ringes; den er denn auch einem jeden
Die fromme Schwachheit hatte, zu versprechen.
Das ging nun so, solang es ging. – Allein
Es kam zum Sterben, und der gute Vater
Kömmt in Verlegenheit. Es schmerzt ihn, zwei
Von seinen Söhnen, die sich auf sein Wort
Verlassen, so zu kränken. – Was zu tun? –
Er sendet in geheim zu einem Künstler,
Bei dem er, nach dem Muster seines Ringes,
Zwei andere bestellt, und weder Kosten
Noch Mühe sparen heißt, sie jenem gleich,
Vollkommen gleich zu machen. Das gelingt
Dem Künstler. Da er ihm die Ringe bringt,
Kann selbst der Vater seinen Musterring
Nicht unterscheiden. Froh und freudig ruft
Er seine Söhne, jeden insbesondre;
Gibt jedem insbesondre seinen Segen, –
Und seinen Ring, – und stirbt. – Du hörst doch, Sultan?

---

2 Siehe Fußnote 2, S. 61.

Saladin *(der sich betroffen von ihm gewandt).*
  Ich hör, ich höre! – Komm mit deinem Märchen
  Nur bald zu Ende. – Wird's?
Nathan.   Ich bin zu Ende.
  Denn was noch folgt, versteht sich ja von selbst. –   5
  Kaum war der Vater tot, so kömmt ein jeder
  Mit seinem Ring', und jeder will der Fürst
  Des Hauses sein. Man untersucht, man zankt,
  Man klagt. Umsonst; der rechte Ring war nicht
  Erweislich; – *(nach einer Pause, in welcher er des Sultans*   10
  Antwort erwartet)
             Fast so unerweislich, als
  Uns itzt – der rechte Glaube.

             Aus: Gotthold Ephraim Lessing: Nathan der Weise.
                 Ein dramatisches Gedicht in fünf Aufzügen.
        Verlag Philipp Reclam jun., Stuttgart 2000, S. 76 – 80.

2 Martin Luther King: „I Have a Dream"

Ich freue mich, heute mit euch zusammen an einem Ereignis teilzunehmen, das als die größte Demonstration für die Freiheit in die Geschichte unserer Nation eingehen wird.

Vor hundert Jahren unterzeichnete ein großer Amerikaner, in dessen symbolischen Schatten wir heute stehen, die Emanzipationsproklamation. Er kam wie ein freudiger Tagesanbruch nach der langen Nacht ihrer Gefangenschaft. [...]

Heute sage ich euch, meine Freunde, trotz der Schwierigkeiten von heute und morgen habe ich einen Traum.

Es ist ein Traum, der tief verwurzelt ist im amerikanischen Traum. Ich habe einen Traum, dass eines Tages diese Nation sich erheben wird und der wahren Bedeutung ihres Credos gemäß leben wird: „Wir halten diese Wahrheit für selbstverständlich: dass alle Menschen gleich erschaffen sind."

Ich habe einen Traum, dass eines Tages auf den roten Hügeln von Georgia die Söhne früherer Sklaven und die Söhne früherer Sklavenhalter miteinander am Tisch der Brüderlichkeit sitzen können.

Ich habe einen Traum, dass sich eines Tages selbst der Staat Mississippi, ein Staat, der in der Hitze der Ungerechtigkeit und Unterdrückung verschmachtet, in eine Oase der Gerechtigkeit verwandelt.

Ich habe einen Traum, dass meine vier kleinen Kinder eines Tages in einer Nation leben werden, in der man sie nicht nach ihrer Hautfarbe, sondern nach ihrem Charakter beurteilen wird.

Ich habe einen Traum heute ...

Ich habe einen Traum, dass eines Tages in Alabama mit seinen bösartigen Rassisten, mit seinem Gouverneur, von dessen Lippen Worte wie „Intervention"[1] und „Annullierung"[2] der Rassenintegration" triefen ..., dass eines Tages genau dort in Alabama klei-

---

1 Vermittlung, Einflussnahme, Einmischung.
2 Abschaffung, Aufhebung, Zurücknahme.

ne schwarze Jungen und Mädchen sich die Hände schütteln mit kleinen weißen Jungen und Mädchen als Brüder und Schwestern. Ich habe einen Traum, dass eines Tages jedes Tal erhöht und jeder Hügel und Berg erniedrigt wird. Die rauen Orte werden geglättet und die unebenen Orte begradigt werden. Und die Herrlichkeit des Herrn wird offenbar werden, und alles Fleisch wird es sehen. Das ist unsere Hoffnung. Mit diesem Glauben kehre ich in den Süden zurück. [...]

Die Rede wurde am 28.8.1963 vor dem Lincoln Memorial in Washington von Martin Luther King anlässlich des Marsches auf Washington für Arbeit und Freiheit, an dem mehr als 250000 Menschen teilnahmen, gehalten.
„I Have a Dream" war eine der wichtigsten Ansprachen während des Marsches der Bürgerrechtsbewegung nach Washington für Arbeitsplätze, Freiheit und Gleichheit, speziell für die afroamerikanische Bevölkerung der USA und gilt als eine der berühmtesten Reden in der Menschheitsgeschichte.

Aus der Rede von Martin Luther King: „I Have a Dream",
Washington 1963. Übersetzt von Andreas Moede.
Unter: http://www.christuskirche-do.de
(abgerufen am 4.9.2014).

3 Wolfgang Thierse: Was ist Toleranz?

Wir leben leider nicht in einer toleranten Welt. Am Heiligabend starben im Irak 37 Menschen bei Angriffen auf die christliche Minderheit. In Syrien gab es allein in den zehn Tagen vor Weihnachten über vierhundert Tote durch einen Krieg, in dem sich
5 verschiedene islamistische Gruppen befehden. In Ägypten wurde die Muslimbruderschaft plötzlich zur Terrororganisation erklärt, woraufhin die Brüder zu einer „Woche des Zorns" aufriefen.
Religion verursacht auch heute kriegerische Konflikte, und manchmal möchte man zweifeln, ob Religionsgemeinschaften
10 überhaupt fähig sind zu einem friedlichen Miteinander, zu einem Leben in Freiheit und Toleranz.
Von Alexis de Tocqueville stammt der Satz: „Despotismus[1] kommt ohne Religion aus, Freiheit nicht." Dieser Satz wirkt heute provokativ. Herrscht doch bei vielen Zeitgenossen der Eindruck
15 vor, Religion sei eher demokratiefremd und freiheitsfeindlich. Sie sei ein Fremdkörper in einer modernen säkularen[2] Gesellschaft. Religion – je entschiedener und radikaler sie in Erscheinung tritt – sei auf gefährliche Weise vormodern, gewissermaßen Antipode[3] einer offenen Gesellschaft. Der Blick auf die Fundamentalisten
20 weltweit mag diesen Eindruck bestätigen.
Also: Braucht Demokratie wirklich Religion, kommt Freiheit nicht ohne Religion aus? Und wie steht es um die religiöse Toleranz in einer pluralistischen Gesellschaft zu Beginn des 21. Jahrhunderts? Pluralismus: Das sagt sich so leicht. Gemeint ist die
25 konfliktreiche Pluralität von Überzeugungen, Weltbildern, Wahrheitsansprüchen, Wertorientierungen, Lebensweisen. Wie lässt sich die Vielfalt in unserer Gesellschaft ertragen – ohne Gewalt? Wie sichern wir den Zusammenhalt einer widersprüchlichen Gesellschaft? Die Frage ist offen.

---

1 Gewaltherrschaft.
2 Hier: weltlich.
3 Gegner, Gegenspieler.

Fest steht: Es geht nicht ohne Toleranz. In einer freien Gesellschaft wird Toleranz überhaupt erst existenziell nötig – im Gesinnungsstaat brauchte man sie nicht. In der Demokratie hingegen mit ihren Differenzen erweist sich Toleranz als notwendige und zugleich anstrengende Tugend, um die man sich sorgen muss – auch wenn Religions- und Meinungsfreiheit verfassungsmäßig garantiert sind. [...]

Toleranz ist nicht selbstverständlich. Wie wenig wir uns ihrer sicher sein können, das belegen zahllose Konflikte in den vergangenen Jahren, auch bei uns: Ich erinnere an Auseinandersetzungen um neue Moschee-Bauten, um Karikaturen, um Kopftücher, um Kruzifixe. [...]

Eine Gemeinschaft kann nicht funktionieren ohne den Respekt vor den Unterschieden. Dieser Respekt ist auch vom Staat zu verlangen. Wollen wir uns daran gewöhnen, dass der Staat darüber entscheidet, was zum Kern der Identität einer Religionsgemeinschaft gehört und was nicht? Nein, das zu entscheiden ist Sache der Religionsgemeinschaft selbst und der Zivilgesellschaft. Der weltanschaulich neutrale Staat vertritt eben keine Weltanschauung. Trotzdem sind kulturelle Eigenarten oder religiöse Praktiken nicht einfach sakrosankt[4]. Auch sie müssen abgewogen, die Gründe gewichtet werden. Der Gesetzgeber hat sich bei Wahrnehmung seiner Schutzpflicht sowohl eines Übermaßes wie auch eines Untermaßes an Regelungen zu enthalten. [...]

Eben weil der Staat des Grundgesetzes weltanschaulich neutral ist, weil er selbst keine Weltanschauung verficht und keine bestimmte Religion favorisiert, ermöglicht er die Religionsfreiheit seiner Bürger. Unser Staat verzichtet auf die cura religionis: „Wessen das Land, dessen die Religion", so lautete einst die Befriedungsformel nach den Konfessionskriegen. Mit dem Verzicht auf ein Weltanschauungsmonopol gibt der säkulare Staat ausdrücklich Raum für die starken Überzeugungen seiner Bürger, die die Zivilgesellschaft prägen und so den Staat tragen. Er ist also

---

4 Unantastbar, unverletzlich.

kein säkularistischer Staat, der Religion aus der Öffentlichkeit verdrängt, aber er sorgt für Fairness, indem er die Weltanschauungsfreiheit für alle garantiert.

Diese Freiheit enthält zugleich die Aufforderung an die Religions- und Weltanschauungsgemeinschaften, aus dem Privaten herauszutreten und den Gemeinsinn mitzuformen. Wie der Staat des Grundgesetzes nicht alles selbst erledigen kann und will, lädt er dazu ein, dass die Bürger aus ihren Überzeugungen heraus und nach gemeinsamen Regeln zusammenwirken, um über alle Unterschiede hinweg das soziale, kulturelle und politische Leben zu gestalten. Mit den Worten von Hans Michael Heinig, Leiter des Kirchenrechtlichen Instituts der Evangelischen Kirche in Deutschland: „Nach unserer Verfassung bestimmt nicht Toleranz, sondern die in der Freiheit aller Bürger wurzelnde Neutralität das Verhältnis des Staates zu den Religionen." Er schlussfolgert: Toleranz ist heute nicht Staatspflicht, sondern Bürgertugend.

Aber was heißt nun Toleranz? Der Begriff ist ja selbst umstritten. Ich halte es mit Rainer Forst, dem Frankfurter Philosophen, der vier Konzepte von Toleranz unterscheidet: 1. Toleranz als Erlaubnis ist eine von oben oder von der Mehrheit großzügig gewährte Duldung. 2. Toleranz als Koexistenz ist ein aus pragmatischen Gründen, um des lieben Friedens willen eingegangenes Verhältnis von ungefähr gleich starken Gruppen und dient der Konfliktvermeidung. 3. Toleranz als Respekt ist eine Beziehung zwischen Gleichberechtigten bei wechselseitiger Anerkennung unterschiedlicher Überzeugungen und kultureller Praktiken. 4. Toleranz als Wertschätzung ist eine Beziehung zwischen Gleichberechtigten, die die Andersartigkeit des anderen positiv bewertet, ohne selbst anders werden zu wollen.

Welche Toleranz ist uns gemäß? Für die Demokratie sei der Respekt angemessen, sagt Forst. „Die Toleranz ist eine hohe Kunst, setzt sie doch voraus, dasjenige zu dulden, mit dem man nicht übereinstimmt. Keine Gesellschaft hat diesen Lernprozess der Ausbalancierung von Gleichheit und Differenz je abgeschlossen."

Denn die Toleranz ist ein Paradox: Wie soll ich tolerieren, wovon ich selber nicht überzeugt bin? Wie kann ich für moralisch richtig halten, etwas zu tolerieren, was ich für falsch halte? [...]

Braucht Religion ihrerseits Demokratie? Nein und Ja. Von Religionsgemeinschaften die gleichen Strukturen zu fordern, wie sie die politische Demokratie charakterisieren – das wäre illusionär. Religion passt in die Demokratie, ohne selbst demokratisch zu sein, so wie es auch für Wissenschaft, Kunst und Wirtschaft gilt. Über Wahrheit, Schönheit und Effektivität wird nicht per demokratischer Abstimmung entschieden. Aber undemokratisch soll Religion auch nicht sein. Um sich der Demokratie anzunähern, haben die Religionsgemeinschaften mit Gewinn demokratische Strukturen geschaffen – von Kirchenvorständen und Gemeinderäten bis zu Synoden und Konzilien[5].

Religion kann kein monolithischer[6] Block sein in der vielgestaltigen Moderne. Selbst für die katholische Kirche hat Papst Paul VI. schon vor Jahrzehnten gefordert, sie solle sich zum Dialog machen. Was wir heute Dialog nennen, also Offenheit und Gesprächsbereitschaft, sind der einzige Schutz gegen die immanente Gefahr aller Religionen: gegen Radikalisierung, Sektierertum, Fundamentalismus und Gewalt.

Deshalb braucht Religion Demokratie zu ihrer Entfaltung. Religionsfreiheit ist ein genuines Freiheitsrecht und ein Kriterium für Freiheit schlechthin. Deshalb sollten Christen, Juden und Muslime besonders engagierte Verfechter der Demokratie sein. [...]

Aus: Wolfgang Thierse: Was ist Toleranz?
Unter: http://www.zeit.de/2014/02/toleranz-respekt-gewalt-
neujahrsrede (abgerufen am 4.9.2014).

---

5 Kirchenversammlungen.
6 Fest, nicht zerlegbar.

IV „Viele Kinder kennen ihre Väter nicht." (Kurt)

1 Wenn der Vater fehlt

Von Matthias Franz

Viele Kinder wachsen heute weitgehend ohne männliche Bezugsperson auf. Väter sind in den frühen Lebensjahren eines Kindes oft nur wenig präsent, der Männermangel in Kindergärten und Grundschulen ist offensichtlich. Der Anteil der in Einelternfamilien aufwachsenden Kinder hat sich in den vergangenen drei Jahrzehnten auf knapp 20 Prozent verdreifacht. Die neue Vaterlosigkeit hat Folgen – für die Entwicklung der Kinder, aber auch für die betroffenen Mütter.

[...] Filmproduzenten haben mit epischen Mehrteilern wie Krieg der Sterne oder Matrix die unbewusste, kindliche, vorwiegend männliche Sehnsucht nach einem idealisierten Vater kommerziell höchst erfolgreich abgeschöpft.

In all diesen Filmen erfüllen mediale Platzhalter und Projektionsfiguren als „Helden" latente, auf einen starken und fürsorglichen Vater bezogene Bindungswünsche: Jungen oder junge Männer, die ihren Vater verloren haben oder erst gar keinen hatten („John Connor", „Luke Skywalker", „Neo"), treten gegen eine allgegenwärtige, parasitäre, umfassend mächtige Maschinenwelt oder das Böse schlechthin an. Diese traumatischen Ausgangsszenarien sprechen unbewusste Ängste an, die am ehesten einer hilflosen kleinkindlichen Erlebnisperspektive zugeordnet werden können. Der Umgang mit diesen Ängsten und deren Überwindung mithilfe eines rettenden Dritten ist das heimliche Thema dieser Filme. Einfühlsame, starke väterliche Förderer helfen den Jungen dabei, sich und die Welt vor der endgültigen Beherrschung durch die scheinbar allmächtigen Maschinen des Bösen zu retten und selbst dabei zum Mann zu werden. Diese Vaterfiguren zeichnen sich neben ihrer männlichen Stärke, die sich im Kampf gegen „das Böse" durchaus auch einmal zur Brutalität steigert, durch Weisheit, Bereitschaft zur Anleitung, Einfühlung sowie brillante technische Fähigkeiten aus. Sie stellen so den Sieg über die mächtigen Verfolger und die Initiation[1] des Jungen in die Männerwelt sicher.

Diese Filme spiegeln die unbewussten Beziehungswünsche vieler Menschen im Alltag und verweisen auf ein väterliches Defizit in unserer Gesellschaft. Insbesondere männliche Kinogänger erkennen in diesen Plots ihre Ängste und ihre Vaterbedürftigkeit wieder. Denn in der Tat spielt sich, was die Präsenz der Väter angeht, ein stilles Drama beachtlichen Ausmaßes bei uns ab.

Das Fehlen der Väter ist dabei kein wirklich neues Phänomen. Infolge des Zweiten Weltkrieges und der zivilisatorischen Katastrophe der Naziherrschaft starben allein fast fünf Millionen deutsche Soldaten. Sechs Jahre lang kamen jeden Tag 2 500 Männer – Brüder, Söhne, Ehemänner und eben auch Väter – ums Leben. Sechs Jahre lang starb also jeden Tag eine ähnliche Anzahl Menschen wie am 11. September 2001 in New York. Darüber hinaus befanden sich Millionen deutscher Soldaten in Kriegsgefangenschaft, und die, die zurückkehrten, waren häufig so schwer traumatisiert, dass sie in ihren Familien über Jahre hinweg Fremde blieben. Für ein Viertel der Kinder der Kriegs- und Nachkriegszeit in Deutschland bedeutete dies eine Kindheit ohne Vater, ungezählte andere hatten eine gestörte Beziehung zu einem kriegstraumatisierten Vater. [...]

In Deutschland herrscht seit 1945 Frieden. Dennoch erleben sich viele Kinder als vaterlos. Der Vater ist in den frühen Lebensjahren eines Kindes nur wenig präsent. Es erlebt in vielen Fällen fast ausschließlich Frauen in seiner direkten Um-

---

1 Einführung, Aufnahme.

gebung: Der Männermangel in Kindergärten, aber auch in Grundschulen ist offensichtlich und besonders für viele Jungen problematisch. Die Väter sind berufsbedingt abwesend. Haben sie ihre Arbeit verloren, fühlen sie sich häufig sozial abgewertet und stehen aufgrund ihrer Probleme ihren Kindern nur eingeschränkt als einfühlsamer Entwicklungspartner zur Verfügung. Trotz öffentlich eingeforderter und propagierter neuer Rollenleitbilder ist vielen in ihrem Rollenbild und Selbstverständnis verunsicherten Männern nicht klar, wie wichtig ihre spürbare Gegenwart für eine gesunde Entwicklung ihrer Kinder ist. Untersuchungen zeigen, dass Väter – unabhängig davon, ob die Mütter zu Hause oder berufstätig sind – ihre Kinder seltener versorgen und betreuen als Mütter. Zwar engagieren sich Männer heute mehr für ihre Kinder als frühere Vätergenerationen, doch die Elternzeit nach der Geburt eines Kindes wird nach wie vor nur selten von Vätern in Anspruch genommen.

Dabei ist der Vater für die Entwicklung des Kindes von großer Bedeutung. Nach der Geburt des Kindes fällt es einer Frau, die von ihrem Mann entlastet wird, leichter, eine sichere Bindung zum Säugling aufzubauen. Wie die Mutter kann auch der Vater auf die Entwicklungs- und Bindungsbedürfnisse des Kindes einfühlsam und fürsorglich eingehen.

Im Alter von ein bis zwei Jahren, wenn das Kind beginnt, sich aus der Abhängigkeit der frühen Mutter-Kind-Beziehung zu lösen, bietet ein einfühlsamer Vater dem Kind, das zwischen Selbstständigkeitsbestrebungen und Verlustängsten hin- und hergerissen wird, eine stabile Beziehungsalternative zur Mutter.

Beim anschließend anstehenden Reifungsschritt – im Alter zwischen etwa drei und sechs Jahren – ist der Vater als männliche Identifikationsfigur und als Liebespartner der Mutter vor allem für die Entwicklung einer stabilen, selbstbewussten sexuellen Identität des Jungen von prägender Bedeutung. Aber auch für die Entwicklung und Festigung der sexuellen Identität des Mädchens ist der Vater von hoher Wichtigkeit.

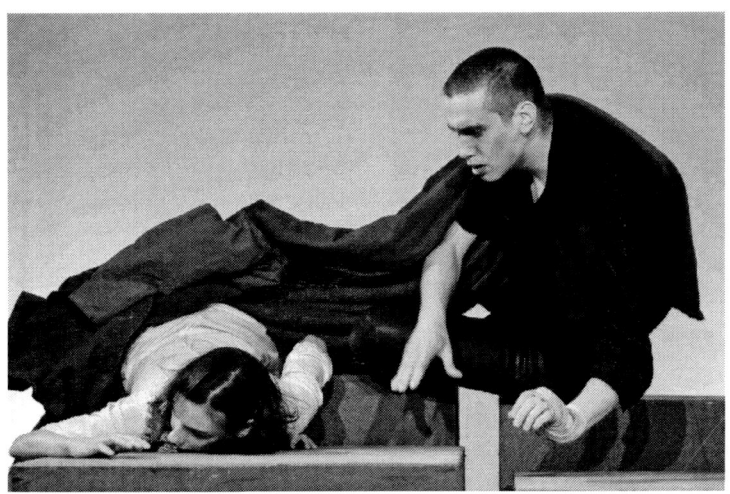

Recha und Kurt in Nathans Kinder. Inszenierung am Theater Waidspeicher, Erfurt in Kooperation mit dem Theater Rudolstadt, 2010

Die Bedeutung des Vaters für die kindliche Entwicklung und die psychische Gesundheit seiner Kinder im späteren Erwachsenenleben wird auch durch Langzeitstudien bestätigt. [...]

Alleinerziehende Mütter sind mehrfachen Belastungen ausgesetzt. Armut, soziale Randständigkeit, Rollenbrüche und beeinträchtigte Bildungs- und Berufsmöglichkeiten sind bei alleinerziehenden Müttern deutlich häufiger als bei verheirateten. Auch weiterbestehende Konflikte mit dem Expartner, Selbstzweifel und – oft nicht artikulierbare – Schuldgefühle dem Kind gegenüber stellen zusammen mit den wirtschaftlichen Unsicherheiten häufig eine Überforderung der alleinerziehenden Mütter dar und führen zu einer deutlich überdurchschnittlichen psychischen und psychosomatischen Belastung. In Studien aus dem angelsächsischen Sprachraum und aus Skandinavien wurde bei alleinerziehenden Müttern, zum Teil unabhängig vom sozioökonomischen Status, ein erhöhtes Risiko für verschiedene – auch körperliche – Erkrankungen sowie psychische und psychosoziale Beeinträchtigungen und beispielsweise auch ein erhöhtes Risiko für depressive Störungen und Suchtprobleme gefunden. [...] Die vorliegenden Untersuchungen lassen sicher keine Generalisierungen zu. Viele alleinerziehende Frauen kommen mit ihrer Situation gut zurecht. Aber die Bedeutung des Vaters für die Entwicklung des Kindes wird – trotz der genannten Befunde – noch zu wenig erkannt. Wie können Familien und Kinder, denen die Väter abhandenzukommen drohen, unterstützt werden?

Der Mangel an Männern in Kindergarten und Grundschule ist für die Identifikationsbedürfnisse und die männliche Rollenfindung besonders von vaterlos aufwachsenden Jungen und wahrscheinlich auch für deren späteres Frauenbild von Nachteil. Die eingangs genannten, medial präsentierten, häufig destruktiven Männerbilder können dieses Defizit sicher nicht ausgleichen. Von daher würde eine stärkere personale Präsenz männlicher Erzieher und Lehrer in Kindergärten und Grundschulen eine sichere männliche Rollenfindung fördern.

Darüber hinaus sollten junge Eltern fundierte Informations- und Übungsangebote erhalten und mit den grundlegenden Bindungs- und Entwicklungsbedürfnissen ihrer Kinder intensiv vertraut gemacht werden ("Elternschule"). [...] Jugendliche und junge Erwachsene sollten in Schulen und anderen Bildungseinrichtungen aufgeklärt werden über mögliche Konfliktpotenziale zwischen Männern und Frauen, unterschiedliche Erwartungen und Bedürfnisse sowie über die enorme Langzeitverantwortung von Eltern. [...]

In: Psychologie heute, 3/2004.
Beltz Verlag, Weinheim 2004,
S. 20 ff.

2   Mein Vater, der Unbekannte

Von Marisa Kurz

Ich kannte meinen Vater fast nur von Fotos. Dann habe ich ihn zufällig in der Tram gesehen, ohne ihn anzusprechen. Ich hoffe, ich begegne ihm noch einmal.

Zu meinem Vater hatte ich seit meiner Geburt nur sporadisch Kontakt und irgendwann gar keinen mehr. Als ich ihn das letzte Mal getroffen habe, war ich ungefähr sechs. Aber dann, vor ungefähr drei Jahren, habe ich ihn in der Tram gesehen. Ich besitze Fotos von ihm, deshalb habe ihn sofort erkannt. Und weil ich weiß, wo er wohnt, und er an der entsprechenden Haltestelle ausgestiegen ist.

Ich bin damals weitergefahren. Heute ärgere ich mich, dass ich ihn nicht angesprochen habe. Aber was hätte ich sagen sollen? „Entschuldigung, Sie sind doch mein Vater, oder?"

Die Fakten sprechen nicht gerade dafür, dass mein Vater mich unbedingt kennenlernen will. Trotzdem werde ich die Überzeugung nicht los, dass er etwas verpasst. Und zwar mehr als ich. Ich werde heute, mit 25, nicht mehr anfangen, einen mir völlig fremden Mann „Papa" zu nennen und mit ihm in den Zoo gehen. Er könnte mir nicht mehr geben, was ich als Kind nicht von ihm bekommen habe. Meinen Männerkomplex muss ich ohne ihn lösen.

Was erwarte ich mir dann eigentlich? Wenn mich jemand fragt, ob ich meinen Vater vermisse, sage ich: „Nein, ich kenne ihn ja nicht." Und doch würde ich ihn gerne mal treffen. Aber wenn ich ehrlich bin, habe ich überhaupt keine Vorstellung davon, wie eine Begegnung mit ihm ablaufen würde. Worüber würden wir reden? Darüber, was wir die letzten 20 Jahre gemacht haben? Würden wir uns zur Begrüßung die Hand geben? Würde ich ihn überhaupt mögen oder wäre ich sogar enttäuscht? Ich weiß es nicht.

Ist es nicht mein Recht, meinen Vater zu kennen und eine Meinung über ihn zu haben? Ist es nicht mein Recht, dass er mich kennt? Bin ich nicht jemand, auf den man stolz sein kann? Und ist er nicht vielleicht jemand, dessen Rat ich schätzen würde?

Ist es nicht auch egoistisch, der eigenen Verwandtschaft ein Kind vorzuenthalten? Vielleicht habe ich eine Oma, die gerne Kontakt mit mir hätte, vielleicht auch einen Onkel, eine Cousine, vielleicht sogar eine Schwester. Nicht mal das weiß ich.

Manchmal gehen Wege auseinander, und das ist auch gut so. Aber manchmal ist es schade, dass es so ist. Und ich glaube, es kann sich lohnen, auseinandergegangene Wege nochmal zurückzugehen. Einfach nur um sicher zu sein, dass man nicht etwas vergessen hat. Jeder sollte zumindest die Möglichkeit bekommen, eine so wichtige Person wie die eigene Tochter oder den Vater kennenzulernen.

Falls ich meinen Vater noch einmal in der Tram sehe, dann steige ich mit ihm aus. Ich werde ihn nach dem Weg fragen, nach der Straße, in der er wohnt. Ich werde ein paar Meter mit ihm gehen. Den Rest überlege ich mir dann.

Unter: http://www.zeit.de/
gesellschaft/familie/2014-02/
unbekannter-vater-tochter
(abgerufen am 4.9.2014).

3   Sarah Crossan: Die Sprache des Wassers

[…]
Mama hat einen Stadtplan gefunden
in einem Laden, der sich
The British Heart Foundation nennt.
Sie sagt: 5
„Tata ist hier irgendwo in der Stadt
und wir werden ihn finden."
Sie redet wie ein Offizier,
der Soldaten herumkommandiert –
sie vergisst, dass wir nur zu zweit sind,   10
und setzt einfach voraus, dass ich mitmachen will.

Sie breitet die Karte
auf dem Fußboden aus,
um einen Schlachtplan zu machen,
streicht sie sorgsam glatt   15
und sagt:
„Hier wohnen wir."
Sie deutet mit einem Stift
auf eine leere Stelle.
„Was für ein Glück wir doch haben,   20
Kasienka, mein Schatz.
So nah bei Tata.
Er *ist* hier. Irgendwo."

Mama sieht auf und ich klatsche verhalten,
spende verlogenen Applaus,   25
während sich mir im Inneren alles umdreht
bei der Frage:
Was, wenn wir ihn wirklich finden? […]

[…]
Schließlich erzähle ich Mama auch
vom Schwimm-Team,
aber nicht von William.

5 „Dafür ist keine Zeit, Kasienka",
sagt Mama. „Wir müssen Tata finden."
Sie zeigt mit dem Finger auf den Stadtplan,
der an die Wand gepinnt ist
wie ein scheußliches Kunstwerk.

10 *Ja.* Ich nicke, obwohl ich Tata gar nicht suchen will –
denn Tata will nicht gefunden werden;
er versteckt sich – vor Mama und mir.
Eine Wahrheit, die mich manchmal
die Zähne zusammenbeißen lässt.
15 Ich sage Mama davon nichts,
nicht mal, während wir die Stadt absuchen
Abend für Abend,
Straße für Straße,
Tür für Tür,
20 und es regnet
und ich Hunger habe
und mit den Tränen kämpfe
und der Erschöpfung.
Denn die Hoffnung ist alles, was Mama noch hat.
25 *Das* kann ich ihr nicht auch noch nehmen.

[…]
Mama gibt Geld aus,
das wir nicht haben.
Sie druckt ein Plakat,
30 auf dem Tata zu sehen ist
und das Wort VERMISST steht.

86

Sie macht hundert Kopien davon
auf lila Papier,
damit es den Leuten auffällt,
an Bäume getackert
in ganz Coventry.

Wie diese Fahndungsplakate,
nur dass Tata kein Verbrecher ist.
Oder diese Zettel,
die die Leute überall hinkleben,
wenn ihre Katze weg ist,
aber ein Haustier ist Tata auch nicht.

Ich schäme mich
für den Fall, *dass* er in Coventry lebt
und nicht gefunden werden will –
wie irgendein Dieb oder Haustier.

[…]
Tote Väter verschwinden nicht absichtlich
von zu Hause.
Sie kann man heiligsprechen.
Wir Überlebenden können Kerzen für sie anzünden
und ihre Grabsteine sauber und ordentlich halten.

Das kann man bei einem verschollenen Vater nicht.

Aus: Sarah Crossan: Die Sprache des Wassers.
Aus dem Englischen übersetzt von Cordula Setsman.
Mixtvision Verlag, München 2013, S. 40 – 41, S. 54, 57, 102.

V Der Autor Ulrich Hub

1 Biografie

Der Autor und Regisseur Ulrich Hub wurde 1963 in Tübingen geboren. Er studierte an der Hochschule für Musik und Theater Hamburg und absolvierte dort eine Schauspielausbildung. Es folgten Engagements an verschiedenen Bühnen des Landes. Bereits als junger Schauspieler begann er mit dem Schreiben. Es entstanden zahlreiche Theaterstücke und Drehbücher. Ulrich Hub zählt zu den wenigen Autoren, die sich sowohl im Kinder- und Jugendtheater als auch mit Stücken für Erwachsene einen Namen gemacht haben.

Ulrich Hub

Zudem arbeitet er als Regisseur an verschiedenen Theatern. Heute lebt der Autor und Regisseur in Berlin.

Auszeichnungen (eine Auswahl):

1997: *Preis der Frankfurter Autorenstiftung* für „Die Beleidigten"

2000: *Deutsch-Niederländischer Kinder- und Jugenddramatikerpreis Kaas & Kappes* für „Pinguine können keinen Käsekuchen backen"

2006: *Deutscher Kindertheaterpreis, Deutscher Kinderhörspielpreis* und *Deutsch-Niederländischer Kinder- und Jugenddramatikerpreis Kaas & Kappes* für „An der Arche um acht"

2010: *Mülheimer KinderStückePreis* für „Nathans Kinder"

2012: *National Jewish Book Award* für „Meet at the Ark at Eight" *(New York)*

2   Werke – eine Auswahl

Stücke
1995: *Fräulein Braun*, Uraufführung (UA) Thalia Theater
Hamburg
1996: *Der dickste Pinguin vom Pol*, UA Theater Dortmund
1998: *Die Beleidigten*, UA Theater der Stadt Heidelberg
2000: *Die Rechnung des Milchmädchens*, UA Theater Bonn
2001: *Pinguine können keinen Käsekuchen backen*, UA KOM'MA-
Theater, Duisburg
Der Froschkönig, UA Stadttheater Gießen
2002: *Blaupause*, UA Städtische Bühnen, Köln
2005: *Das Schlafzimmer von Alice*, UA Staatstheater Darmstadt
2006: *An der Arche um acht*, UA Badisches Staatstheater
Karlsruhe
2009: *Nathans Kinder*, UA Theater Junge Generation, Dresden
2012: *Des Königs liebstes Kind* – nach Shakespeares *König Lear*,
UA Theater der Jugend, Wien
Animal Lounge, UA Theater Junge Generation, Dresden

Prosa
2007: *An der Arche um acht*, Düsseldorf (Sauerländer)
2014: *Füchse lügen nicht*, Hamburg (Carlsen)

VI „Nathans Kinder" auf der Bühne

1 Roland Schimmelpfennig: Ein sogenanntes Kinderstück

Das Stück „Nathans Kinder" von Ulrich Hub erhielt 2010 den renommierten „KinderStückePreis" in Mülheim an der Ruhr. Der Dramatiker Roland Schimmelpfennig lobte bei der Preisverleihung in seiner Laudatio den Autor und das Stück.

Lieber Uli, sehr geehrte Damen und Herren,
Ulrich Hub und seine Stücke begleiten mich fast so lang, wie ich selbst für das Theater schreibe. Ulrich Hub und ich sind Freunde. Es gibt keinen Theaterautor, mit dem ich einen vergleichbar in-
5 tensiven, leidenschaftlichen und neugierigen und konstruktiven Dialog über das Theater führen kann wie mit Hub.
Als wir uns kennenlernten, war von ihm bereits das „Fräulein Braun" in Hamburg am Thalia Theater rausgekommen, ich wartete noch auf die erste Uraufführung eines Stückes von mir – das
10 war dann die „Ewige Maria" hier in der Nähe, in Oberhausen.
Als Autoren waren wir beide noch am Anfang. Heute werden wir beide in Mülheim als Dramatiker ausgezeichnet.
Es freut mich ganz besonders, dass wir beide hier heute zusammen stehen, und es freut mich noch mehr, dass ich ein paar Sätze
15 über Ulrich Hub und das Stück sagen darf, das als erstes Stück überhaupt in Mülheim als bestes sogenanntes „Kinderstück" ausgezeichnet wird, „Nathans Kinder".
Hub kommt ursprünglich vom Schauspiel, er war am Theater in Gießen und Darmstadt als Schauspieler engagiert, und in äußerst
20 seltenen und besonderen Momenten tritt er manchmal heute noch auf, dann erzählt er zum Beispiel vor Publikum die komplette Ilias[1] nach. Seit Jahren inszeniert Hub parallel zum Schreiben als Regisseur Theater und Oper – nebenbei ist er ein exzellenter Pianist – und natürlich merkt man diese Nähe zum Theater und

zur Musik seinen Stücken an. Hub kennt das Theater von innen. Er beherrscht sein Handwerk.

Er kann Stücke bauen, er verdichtet Sprache, wenn er schreibt, komponiert er. Er ist kein Blender, er hat keine Masche, er läuft keinem Trend hinterher.

Hubs Stücke sind auf den ersten Blick oft scheinbar witzig oder pointiert, seine Dialoge sind manchmal schnell, leicht, oft zunächst scheinbar amüsant, aber man sollte sich von dem ersten Eindruck nicht täuschen lassen: Beim zweiten, genaueren Hinsehen sind Hubs Stücke oft mehr als desperat[2], oder sie sind gleichzeitig beides, sie sind komisch und verzweifelt.

Hubs Stücke sind düster und hellsichtig, und diese Ambivalenz beschreibt bereits Hubs schriftstellerische Klasse.

Diese Ambivalenz von scheinbarer Leichtigkeit und Tiefe, von Komik und Tragik zieht sich durch sein gesamtes Schreiben. Das gilt genauso für die sogenannten „Erwachsenenstücke" von Hub wie „Die Beleidigten" oder „Troianer" wie auch für Hubs sogenannte „Kinderstücke".

Hubs großartiges, wunderbar klaustrophobisches Stück „An der Arche um acht" ist eines dieser düster komischen Stücke – immerhin vernichtet außerhalb der Arche gerade Gott seine Welt –, und Komik und Tragik kommen auch jetzt bei „Nathans Kinder" wieder zusammen, wobei einem allerdings bei diesem Stück schnell das Lachen vergeht. [...]

Hub misstraut den Menschen und er misstraut Gott – oder genauer: er stellt in Frage, was die Menschen mit dem Begriff Gott anfangen.

„Nathans Kinder" ist wieder ein düsteres Stück. Es ist sicher auch ein komisches Stück, wieder ein verzweifelt komisches Stück – schließlich will hier fast jeder den anderen umbringen: der Bischof will den Sultan umbringen lassen und der Sultan will den Bischof umbringen lassen und beide wollen den Juden los-

---

1 Ilias, die: Heldengedicht, das einen Abschnitt des Trojanischen Krieges schildert.
2 Ausweglos, verzweifelt, ohne Hoffnung.

werden, am liebsten würden sie ihn verbrennen. Grotesk, könnte man meinen, aber nein, so grotesk und lustig ist das alles nicht.

Die Szene ist bei Hub wie bei Lessings „Nathan der Weise" das Jerusalem der Kreuzzüge, das klingt weit weg und historisch, aber ist das so weit von uns entfernt? Nein, irgendwie kommt einem dieser Wahnsinn bekannt vor. Am klügsten sind in diesem Wahnsinn noch die Kinder, Recha und Kurt; könnte man noch hoffen, so wäre es im Kino, aber ob das wirklich stimmt – Hub misstraut allen. Er legt Fährten. Nichts ist sicher. Jede seiner Figuren kann sich jederzeit ins Unrecht setzen. Es gibt keinen Helden.

Gotthold Ephraim Lessings Drama „Nathan der Weise" ist ohne Zweifel eines der wichtigsten und bedeutendsten deutschsprachigen Theaterstücke überhaupt. Diesem Stoff heute neu zu begegnen, mit ihm in einen längst überfälligen Dialog zu treten, ist eine ebenso riskante wie brillante Idee.

Hubs Antwort auf Lessing ist mit Sicherheit kein Kinder- oder Jugendstück im eindeutigen Sinne. Wie könnte es das bei dem Thema auch sein. Hubs Stück konstruiert keine Versöhnung. Hier fehlt der Lerneffekt, könnte man aufschreien, aber genau das ist der Punkt. Hubs Stück beschreibt eine Katastrophe. Es beschreibt die Katastrophe, dass heute noch, achthundert Jahre nach den Kreuzzügen und über zwei Jahrhunderte nach Lessing die Frage nach der richtigen oder falschen Religion noch immer die Gesellschaft und die Gemeinschaft der Völker spaltet und zu Ausgrenzung und Gewalt, Mord, Terror und Krieg führt. Beispiele dafür brauche ich nicht zu nennen, man muss dafür nur die Zeitung aufschlagen.

Man könnte sagen, dies ist eher ein Erwachsenenthema aus der Erwachsenenrealität, aber jedes Kind und jeder Jugendliche ist heute fast überall auf dieser Welt mit dieser Realität konfrontiert – und wer weiß, was da noch kommt.

„Der Frieden wird nicht lange halten.", sagt Nathan bei Hub. Er hat recht: der Frieden hält nicht. Er hat nie gehalten, und er wird so schnell nicht halten. Lessings Geschichte braucht vorläufig einen anderen Schluss.

Und deshalb ist es wichtig, dass uns Hub Lessings Geschichte von „Nathan dem Weisen", der das Judentum, den Islam und das Christentum versöhnt, neu erzählt. [...]
Sein Stück endet, wo es im allergünstigsten Fall enden kann: in einer „Hängepartie", mit einer Atempause: bei Hub lassen sich Christen und Muslime und Juden wenigstens für die Dauer eines Frühstücks in Frieden, oder zumindest drohen sie für die kurze Dauer eines Frühstücks nicht damit, sich gegenseitig umzubringen. Sie fantasieren kurz, wie es wäre, wenn alle miteinander verwandt wären. Aber Lessings traumhafter Schluss der Verbrüderung durch ungeahnte Verwandtschaftsverhältnisse ist bei Hub nur noch ein abwegiges Gedankenspiel – Nathan bringt es auf den Punkt. Nirgendwo auf der Welt sind die Menschen glücklich. Dieser Frieden wird nicht lange dauern.
Lieber Uli, herzlichen Glückwunsch zu diesem großartigen Stück.

Roland Schimmelpfennig,
27. Juni 2010

Unter:
http://www.muelheim-ruhr.de/cms/laudatio_auf_ulrich_hub.html
(abgerufen am 4.9.2014).

2 Klassiker-Klamauk mit Köpfchen

„Nathans Kinder" feierte Premiere im Haus III des Braunschweiger Staatstheaters

VON FLORIAN ARNOLD

Nathan, der Greise. Schon ein meisterhafter Klassiker über den irrwitzigen Streit der Religionen im so gelobten wie geschundenen Land, den der alte Lessing da vor gut 200 Jahren ersonnen hat. Und immer noch leidlich aktuell. Nur etwas zu angestaubt und hochgreifend in Sprache und Stil, um ihn Kindern zu servieren, mag sich Ulrich Hub gedacht haben. Also hat der gestandene Jugendtheaterautor eine Neufassung geschrieben, „Nathans Kinder". [...] Überhaupt stimmt der Rhythmus von stillen und klamaukigen Szenen, von Sprache und Körpersprache, von purem Schauspiel und Medien-Einsatz recht gut in der Inszenierung von Sebastian Wirnitzer. Wenn auch die Videokamera am Anfang etwas ausufernd und am Ende überhaupt nicht mehr zum Zuge kommt. Autor Ulrich Hub hat in seiner Klassiker-Bearbeitung den Fokus zielgruppengerecht vom alten Juden Nathan hin zu den Teenies Recha und Kurt verschoben. Trotzdem hat auch Marko Werner genug Gelegenheit, als jüdischer Patriarch zu glänzen – weniger durch Weisheit denn durch Komik, wenn er mit seinen altmodischen Erziehungsgrundsätzen gegenüber der naseweisen Recha nicht durchkommt, oder wenn er mit köstlicher Körperverspannung seine Abneigung gegenüber den religiösen Mitbewerbern, Sultan und Bischof, zum Ausdruck bringt.

Nina El Karsheh und Holger Foest füllen ihre arg karikaturenhaften Rollen engagiert, wenn auch etwas grell überzeichnend aus. Am Ende entgeht dem durchaus gefesselten jungen Publikum im Haus III auch die berühmte Ringparabel nicht. [...]

In: Braunschweiger Zeitung vom 19.9.2011, Kultur, S. 14.

3   Die junge Generation im Mittelpunkt

„Nathans Kinder" von Ulrich Hub hatte Premiere am TJG

Von Gesine Quellmalz

[...] In Ulrich Hubs „Nathans Kinder" steht die junge Generation im Mittelpunkt: Nathans Tochter Recha und der junge Kreuzritter Kurt. Beide verlieben sich ineinander, ungeachtet aller Konventionen und Konflikte im von Moslems, Christen und Juden hart umkämpften Jerusalem. Dabei hat es sich auch Kurt anfangs nicht einfach gemacht, er, als christlicher Glaubenskrieger, rettet ausgerechnet eine Jüdin aus einem brennenden Haus. Und nicht nur sein „Vorgesetzter", der Bischof, ist davon nicht begeistert, auch Nathan ist entsetzt, als er seine Tochter mitten in der Nacht mit einem Kreuzritter auf dem Dach findet, beide einander angenähert, vertieft ins Gespräch und vertraulich Datteln essend. Aber Kurt kann nicht anders, er fängt Feuer für die gescheite

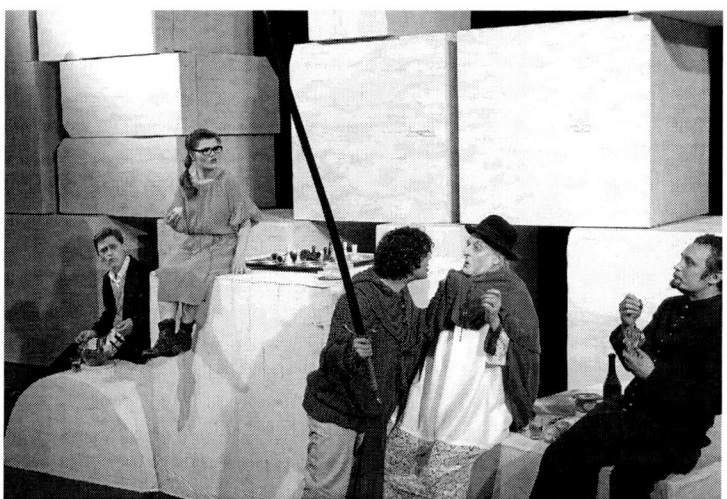

Nathans Kinder. Inszenierung am Theater Junge Generation, Dresden 2009

Recha, die ihn zum Lachen bringt und sich nicht mit Vorurteilen abspeisen lässt. Die auch ihr eher nüchterner Vater nicht davon abbringen kann, an Schutzengel zu glauben, die auf ihr Herz hört und hinter der Religionszugehörigkeit nur den Menschen sieht. [...]

Der erheiternde Höhepunkt der Inszenierung ist gewiss der schlussendliche „Kampf der Religionen", die Auseinandersetzung um den wahren Glauben, die in eine filmreife Keilerei zwischen dem Bischof, Saladin und Nathan ausartet und für enorme Erheiterung im vorwiegend jugendlichen Premierenpublikum sorgte.

Aber auch hier stiftet die Ringparabel am Ende Frieden unter den verfeindeten Parteien, und die aufgehende Sonne des anbrechenden Tages bringt Licht in das Dunkel der drei vorurteilsgefüllten Köpfe. Ihnen wird klar, die wahre Religion zu benennen ist ebenso unerweislich, wie den richtigen Ring unter den drei gleich aussehenden herauszufinden. Am Ende setzt man sich nach einer langen Nacht voller Auseinandersetzungen mit einem einstimmigen Hungerbekenntnis zum gemeinsamen und brüderlichen Frühstück. In friedlicher Freundschaft lebt es sich doch nun mal viel schöner. Zuletzt mutmaßt jedoch Nathan mit leicht bitterem Unterton: „Dieser Frieden wird nicht lange halten." Vermutlich wird er recht haben.

In: Dresdner Neueste Nachrichten vom 6.4.2009.